ぶらりあるき

幸福のブータン

ウイリアムス春美 著

芙蓉書房出版

宿泊したホテルのオーナーの家
典型的なブータン建築

ブータン発展に貢献した
日本人、西岡京治さん
の墓「西岡チョルテン」

2つの川の合流地点に建つプナカ・ゾン　船の形をしている

家に急ぐ子供たち　ランチは家
で食べるのが習わし

これから祭りに出かける

笛の練習も修業のひとつ

ブータンの保護動物ターキン

学校から帰る子供たち

ツェチュの祭り

象の上に猿、猿の上に兎、兎の上に木の実を取っている鳥。このように自然界では協力し合って生存していることを表している絵。あらゆるところにこれと同じような絵がかかげてある。

ティンプー・ゾンの中庭

岩肌に彫られているグル・リンポチェ

険しい山の中腹にあるタクツァン僧院

まえがき

コロラド大学の映画科を、一九九九年に卒業したばかりの息子が、ある日、「ボク、仕事でブータンに行くよ」と電話をかけてきた。

一九九九年は、初めてテレビがブータンに紹介された年であった。息子の仕事は、テレビの番組作りを高校生に教えることだという。

私はその時まで、ブータンという国の存在を知らなかった。それで、いろいろ調べてみると、日本とブータンの関係は深く、文化交流もかなり盛んに行われてきたようだ。今でこそアメリカの旅行者がその数をしのぐようになったが、最近までは旅行者の数も日本人が一番多かったのだという。

翌年の二〇〇〇年、また、息子から電話があった。感謝祭の前日だった。

「ブータンで、知り合いになった友達二人が、今ハーバード大学で勉強しているんだけど、家に連れていってもいい？」

もちろん、私はオーケーした。私にとって初めてのブータン人だ。

感謝祭の日、二人のブータン人の若い女の子が玄関に現れた。ちょっと日本人とも見間違えられそうな可愛い大学生だった。洋服も普通のアメリカ人の学生となんら変わらない。二人の名前はクエンガとデチェン。

二人を交えての感謝祭のディナーは、特別楽しかったのを覚えている。その時いろいろ話した内容のなかで、とても印象深く残っていることが二つある。

一つは、「アメリカに二年もいたら、ここにずーっといたいでしょう?」という私の質問に、二人とも、即座に、「絶対そんな風には考えないです。ブータンは、すばらしい国だと思うし、早く帰って、国のために何か役立つことがしたいです」と答えたことだ。

二つ目は、このような話である。

ブータンは王国で、第四代国王が皇太子だった時、オックスフォード大学に留学した。その時、アメリカ人の若い女性と知り合い、恋愛し、その女性と結婚した。その若い女性は、非常に聡明で、ブータンの事情を良く理解し、国の将来のためにはどうしたらいいかを、若い皇太子に次のように示唆したというのである。

「ブータンは小さい国で、自然資源にも恵まれていないし、普通の工業生産で他国と競争するのは非常に難しい。それよりは、国が、仏教でも密教(これが生まれたインドではすでに消えて、チベット、シッキム、北部ネパール、ブータン、中国、日本のみで受け継がれている)を国の宗教と公式に認めている世界でもめずらしい国であることを強調し、それを利用して、外国、特にアメリカ文化の影響をさけ、伝統的な仏教のお祭りごとを前面に出し、国際機関から経済援助をもらって、他国とは競争しないで生き延びるのが得策だ」

その後、父親の第三代国王が急に亡くなり、皇太子はただちに帰国して第四代国王になった。一九七二年のことである。そして、そのアメリカ人の女性の示唆通りの政治を行ったため、ブータンは、軍隊に国の予算を使わず、国の伝統を守るという名目で、仏教の祭りごとに精を出し、国際機関から多額の援助をもらうことに成功したという。そんな政治をした国王は国民すべてに敬われている。二人の留学生も、国王を尊敬し、愛していると言った。


この話は私の頭にこびりついてしまった。

アメリカからも日本からも遠い、ヒマラヤの一国にアメリカ人の妻を持つ王様がいて、その妻が国の政策にいろいろ意見を言って、それが取り入れられ、成功し、皆から好かれているなどという話は聞いたことがない。

それに、聡明な若い女性が、二年間もアメリカで生活しているにもかかわらず、あまり近代化もされていないように見える自国に帰りたいと思っている。そんな国って、すばらしいに違いない。是非行って、自分の目で確かめてみたいと思うようになるのは当然だった。

とはいえ、ブータンに行くのは、お金もたくさんかかるし、ビザの発給も一年に六〇〇〇人ときびしく制限されているということも聞いた。だから長い間あきらめていた。

ところが、二〇〇八年三月、インドに行くチャンスが到来した。ブータンはインドの隣りの国なのだ。ちょっと努力をすれば行けるかもしれない。不安はあったものの、行きたいという気持ちをふるいたたせて、ブータン行きを計画することにした。

▼梅の香やまだ見ぬ国へ想ひゆく
▼春めきて旅へのいざない空より来

ぶらりあるき　幸福のブータン●目次

もっと知りたいブータン

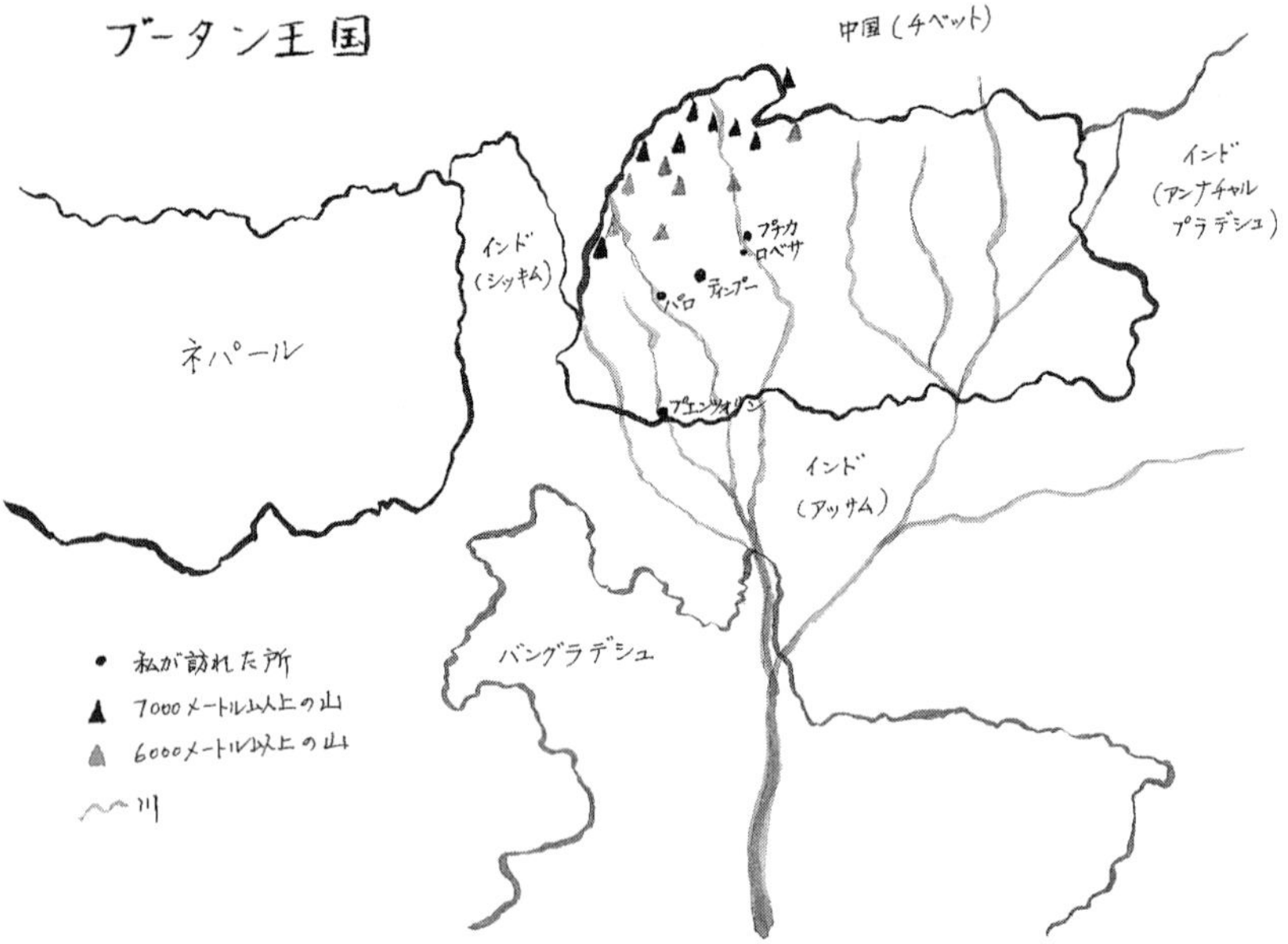
ブータン王国
中国（チベット）
インド
（アンナチャル
プラデシュ）
インド
（シッキム）
ネパール
プナカ
ロベサ
ティンプー
パロ
プエンツォリン
インド
（アッサム）
バングラデシュ
私が訪れた所
7000メートル以上の山
6000メートル以上の山
川

◉ブータン初体験

ビザも持たずにブータンに出発

ワシントンには、ブータンの大使館も領事館もない。しかし、ブータンを訪れるにはビザは必要だ。ビザを取るためには、すべての旅程を決めたうえで、旅行費用を全額ブータンの旅行会社に支払わなければならない。

ブータンの旅行案内書には、紹介された旅行会社の名前が五、六社載っていた。すべてにメールを出してみると、二つの会社から返事があったが、二社ともブータンにある会社だった。しかも、全額お金を払ってもすぐにビザがもらえるわけではなく、ビザナンバーだけが伝えられ、ビザはブータンの空港で出るということだった。ちょっと不安になったが、それしか方法がないのなら、最後まで相手を信用するまでと決心し、ワシントンを発った。

インドのデリーを経てネパールのカトマンドゥに着き、そこからブータン国営航空（ドゥルック・エア）に乗ってパロ空港に飛んだ。飛行機がカトマンドゥの空港から雲の上にあがると、いままでの不安はすっかり消え去った。雪で真っ白に覆われた山々が厚い雲から頭を出していた。ヒマラヤの山々だ。

〈カトマンドゥからパロまでの飛行機の旅は、ヒマラヤの山々を眼下に見て……〉という旅行者用の宣伝にのせられて期待してはいたが、予想外に大きい白いゴツゴツした岩の塊が目前に迫ってきた時には、思わず息が止まるほどだった。

搭乗前に、山が良く見える方の窓側に席を取ってくれるように頼んだのだが、その日は、フィンランド、ポーランド、フランスからの三つのグループにほとんどの席が占領されていて、窓側は一つも残っていないと言われた。

観光客で満員の飛行機の中からヒマラヤの山々を撮影するのは絶対無理とあきらめたのだが、客の中には親切な人がいて、私がムービーカメラを持っているのを見て、「ここから撮りなさい」と席を空けてくれた。

そんな親切な言葉に感謝して、窓際の席に坐り、カメラのシャッターを切り、動画も撮った。雪をかぶった大きく尖った山々は、ゆっくりゆっくり流れていく。一つ一つの尖った峰には名前があるのであろうが、私にはそれらの山々の名前は全然わからない。でも、目は吸い付けられ、瞬きするのも忘れるほどだった。そんな山々を畏れ崇める土地の人たちの気持がわかるような気がした。圧倒的で、どんな言葉にも表現できないすごさが漂っている。

興奮からさめ、機内が落ち着きを取り戻してくると、何とも言えない美しいメロディが聞こえてきた。尺八のようでもある。しかし、もっとやわらかい息づかいで、メロデイはまるで窓の外の景色の動きに合わせているかのように流れていく。こんなすばらしい音楽を聞きながらヒマラヤの山々を眺められるなんて、それだけでも来たかいがあったと、たちまち満足感にひたされた。

「今聞こえている音楽は何ですか？　楽器はなんですか？」

私は側に立っていたスチュワードに聞いた。

「あれは竹笛で、ブータンの伝統音楽です。ボクが吹いているんですよ」

これにはびっくりした。飛行機にはたくさん乗ってきたが、スチュワーデスやスチュワードが自分で奏でる音楽を機内に流すという話は聞いたことがない。

▼竹笛を後ろに聞きて雪の峰

国内でたった一つの空港に到着

カトマンドゥからパロまでは一時間もかからない。ブータンには一つしか空港がない。ブータンの旅はここから始まる。飛行機以外の乗り物でブータンに来るのは非常に難しい。電車はもちろんないし、バスは道路が整っていないから何日もかかる。

パロの空港は、まるで玩具のように小さくて、綺麗で、可愛いらしい。フィンランド、ポーランド、フランスの三つのグループの旅行者はこぞって歓声をあげた。そして、税関の方に歩

パロの空港ターミナル

パロ空港の近くの農場

きながら、もうすでにカメラだ。

出発前にもらったビザナンバーを言って、税関でビザをもらう。大勢の観光客が並ぶので、小さい税関の建物の中はたちまち人で埋ってしまった。その建物がまたきれいなのだ。天井はもちろん、壁にも柱にも絵がかいてある。まるで、絵の中に入ってしまったようだった。ビザどころじゃなくなり、写真を撮るのに夢中になって、大勢が、押し合いへし合いの状態になった。しかし誰も文句など言わない。「撮影禁止」の張り紙も無視だ。何人かは注意されたが、写真を撮るのはやめない。警備の人たちも、いつものことだからとあきらめているようだった。

ビザナンバーをもらうのが面倒だった割には、ビザそのものは実に簡単に交付され、すぐ建物の外に出られた。

出るとすぐ、「Mr. Harumi Williams」と書いた紙を持っている若い男性が見えた。多分自分のことであろうと思って挨拶したら、その男性は女が現れてちょっと驚いた様子だった。

「今日は晴れだと思ったけど、下界はずいぶんかすみがかかっているようですね」

「多分、山火事のせいですよ。二、三日前に近所の山で火事がありましてね。その煙がまだ残っているんです」

これが最初の会話だった。着いたとたんに、山火事とは……。ブータンはそんなに物騒なところなんだろうかと、身が引き締まった。

迎えに来ていた男性は、ジャンベイといい、エトメト旅行会社から派遣されてきた私のガイドだった。八日間のガイドを務めるのだと自己紹介し、会社の名入りのミニバンに私を誘導した。そこには、キンレイという名のドライバーが待っていた。

「他に旅行者はいないの？」と聞いたら、

「今はオフシーズンだから、観光客が少ないんですよ」と言う。

ということは、ジャンベイとキンレイは、私にかかりきりの運転手とガイドというわけなのか。何という贅沢な旅だこと。三月は観光シーズンではないから、結局客は一人きりの旅ということになった。

そのミニバンで空港を出るとすぐ、通行止めになっていた。

「ロイヤルファミリーが飛行機に乗るので、通行止めになっているんですよ。ブータンには空港はここ一つしかないから、偉い人が飛行機に乗る時には、時々こんな風に通行止めになるんです」

とジャンベイが説明した。彼の話す英語はきれいでよくわかる。ミニバンを運転するおとなしいキンレイは英語があまり話せないと言った。

廻り道をして、山沿いを通り、高台にきた。ジャンベイがキンレイに車を止めるように指示して、私に車から降りるよう言った。

目の前には大きな景色が広がっている。私達の立っている道の真下には、今出て来たばかりの空港が見え、それに沿って川が流れている。空港の向こう側は、山岨の急な山々が重なり合って並んでいる。

「あそこに見えるのがタクツァン僧院です」

ジャンベイが指さした方向に目をやると、確かに断崖絶壁の中腹に岩をくりぬいて作られた僧院らしい建物が見える。

「本当は、パロの観光はあのタクツァン僧院を訪問することから始めるんです」

「登るの？　あそこに？」

「そうですよ」

ジャンベイは涼しい顔で言う。

「ただ、今日は雨という予報なので、道路が通行止めになっているんですよ。ですから、ここから眺めるだけにします」

私は、正直ホッとした。

▼春風や描かれたバラもゆらしけり
▼霞かと見ゆる下界は山火事と

ガイドのジャンベイ(左)と
ドライバーのキンレイ(右)

まだ建築途中のパロのホテルとエトメト旅行会社のミニバス

建築途中のホテルに泊まる

タクツァン僧院を遠くの山峡に見ながらホテルに向かった。廻り道にはなったが、そんなに遠いとは感じなかった。しかし、舗装されていない道はがたがたで、道なき道を行くという感じだった。

このホテルは先週オープンしたばかりだというのだが、建物もコンクリートがむきだしのままになっている。壁には、ペンキでブータン特有の絵が描かれるはずなのだが。

離れのような家屋を配置した設計で、私の泊る部屋だけは外側に綺麗な絵が描いてあり、部屋へと続く小径もコンクリートで固められていた。その他の部分はまだ砂利が敷かれたままになっている。

泊り客は私たち三人だけのようであった。通された部屋の内装はまあまあだったが、窓の一つがきちんと閉まらないため、狭い隙間から風がスースー入ってくる。季節は冬。外は摂氏十度。もちろん暖房などないから、夜は相当に寒いだろう。部屋を替えてもらうことにした。きちんと出来ている部屋はあと一つしかないという。

その部屋は、窓はきちんと閉まっていたが、別の問題があった。

ドアのすぐ近くにポケットがあり、ここにドアの鍵を入れると電気がつくようになっている。

ところが、このポケットがぐらぐらしているのだ。それでも何とか鍵を入れると電気はついた。ところが、今度は鍵が取り出せなくなってしまった。もう替える部屋もないのだから我慢するしかなかったが、ホテルのマネジャーは、「新しいんですから、注意して入れて下さいよ」と言うだけで、全然悪びれた様子はない。

食堂にも誰もいない。つまり私一人。お土産品売り場があったがいつも閉まっている。中をそっとのぞいてみたら、からっぽ。要するに、私が泊ることになったので、にわかにオープンしたという印象を受けた。国際電話もかけられず、インターネットもまだつながっていないという。これではメールもチェックできない。何だかとても心細くなってきた。

部屋に戻ってシャワーをあびることにした。意外にもそのシャワーのしゃれていること。こんなシャワーは見たことがない。頭の上からだけでなく、首やお腹のあたりからも出るようになっているのだ。

しかし、蛇口をひねってもお湯にならない。フロントに電話すると、従業員がすぐ来てくれてお湯が出るようになった。蛇口のしるしは、普通はお湯が赤、水が青なのに、反対になっていたのだ。いくら間違いだからとはいえ、こんな寒い日に、上からばかりでなく、肩の方からも、脇腹の辺りからも、冷たい水が一斉におそってきたらと、想像するだけでも恐ろしくなって、シャワーがあびられなくなってしまった。

「実は、ブータンのほとんどの建築工事には、インド人の労働者を使うんですよ。ですから、そういう人たちは、工事が終わったらすぐ自分の国へ帰ってしまい、その後の責任なんて持たないんですよ」

ホテルのマネジャーが説明した。

「じゃ、ブータン人で建築業にたずさわっている人はいないんですか？」

「いや、いますよ。でもたいていは建物の設計はブータン人、作るのはインド人というケースが多いですね」

「じゃ、故障したら、誰が直すんですか？」

「それぐらいのことはブータン人だってできますよ」

でも、何となく心細い話だ。最初の部屋の窓のわずかなずれ、一体誰が直すのだろうか。そのままにされてしまうような気がする。文句を言う人なんて、私くらいしかいないだろうから。

このホテルは私が決めたのではない。この旅行は、すべてエトメト旅行会社がプランを立てたのだ。エトメトとこのホテルのマネジャーとは何らかの関係があったのだろう。だから、まだ建築途中のホテルに、私のようなあまり大切でもない一人旅の旅行者を入れて試してみたのかとひがんだりもした。どちらにせよ、あまり気分のいいものではなかった。

▼泥道をふみて凍風一人宿

アメリカ人の王妃なんていなかった！

ホテルの食堂で一人さびしく食事をし、午後は運転手とガイド付きの観光にでかけた。パロは山に囲まれているが、私たちはさらに山深く入っていった。

出発する前に、ジャンベイが申し訳なさそうに言った。

「本当はパロの観光は、『タクツァン僧院—虎のねぐら』に登ることから始まるんですが、昨日も説明しましたように、あいにく通行止めになっているので当分行けそうもないんですよ」

私たちはその反対方向に向かった。

途中、学校があり、子供たちが群れをなして家に帰るところにぶつかった。毎日、子供たちは家に帰ってランチを食べ、午後また学校に戻って行くのだそうだ。

子供たちはみんなユニフォームのように民族衣装を着ている。よく見ると、ガイドも運転手も学校の先生も、道を歩いている人がみんな民族衣装を着ている。それが、国王からの命令なのだそうだ。いつからかはわからないが、公共の場所に行く場合には民族衣装でなければ罰金が科せられるという。

ガイドのジャンベイはまだ三十代で、インドに留学してきたからか、英語もわかりやすいし、何でも知っているようだ。非常に無口で、こちらが聞かなければ何も説明しないのだが、聞けば何でも答えてくれる。

彼によれば、ブータン政府の発表では識字率は54％とのこと。一九九九年には、72％の子供が小学校に入学した。男女比は54対46である。でもブータン全体で、学校は三六一校しかないし、生徒数も十二万に満たず、先生の数も三千七百人しかいない。教育は義務ではない。授業料、教材費等は全部無料なのだが、ブータン国民の75％は農業を営んでおり、子供は大切な人手なので、全部の子供を学校に通うように義務づけるのは難しいのだという。

ブータンでは、谷ごとに違うと言われるほど数えきれない方言が話されている。これらの方言には文字がないので、その中でもっとも多く話されている「ゾンカ」を国語とし、それが書き言葉としても通用するように、現在研究が進められている。ゾンカ語を西洋のアルファベットで書き表すのは非常に難しいのだという。それまで印刷物としてあるのは、仏教の教典だけで、八世紀にチベットから伝わり、そのままの形でその教典言語が使われており、お寺に仕える僧侶だけに学ぶことが許されていて、一般民衆の手にはとどかなかった。しかし近代化にともない、民衆に通用する書き言葉が要求されるようになってきたのである。

第四代国王は、ブータンのような何もない国にとって、将来英語が非常に大切になってくるので、教育は英語でと決められたそうである。学校では国語としてゾンカを学ぶが、他の科目はすべて英語。先生は、今でこそ英語の話せるブータン人がいるが、最近まですべてインド人だったそうである。

確かに、国王には先見の明があった。皇太子の時にオックスフォード大学で勉強したことや、「アメリカ人のお妃様」も影響していたかもしれないが、決断力と実行力はすごい。それにしても、国民がよくそんな命令に素直についていくものだ。

「誰も反対する人はいなかったの?」と聞くと、ジャンベイは答えた。

「王様の命令ですから。国民は王様を愛していますから、王様のいうことは、何でもオーケーするんですよ」

本当にそうかしら。

口の重いジャンベイに、一番聞きたかったことを聞いてみた。

「第四代の国王が、非常に先進的な考えを持って、いろいろ斬新的な政策を打ち出していったというけれど、その背景にはアメリカ人の女性がお妃になったということが影響しているんじゃない?」

ジャンベイは目をまるくした。

「そんなことを誰が言ってるんですか。アメリカ人のお妃なんていないですよ。第四代の王様には四人のブータン人のお妃がいるんですから」

今度は私の目がまんまるくなった。

「四人も？」

「そうですよ」

「皆ブータン人？」

「そうですよ。皆ブータン人。それも四人とも姉妹なんですよ」

「姉妹四人と結婚したの？　そんなこと可能なの？」

「可能も不可能も、げんに結婚してるんですから。そしてその四人のお妃に十人の子供が生まれているんですよ」

私が聞いていた話と全然違うではないか。しかし、秘密の隠し愛人だって可能性もなくはない。

「アメリカ人の愛人なんていないの？」

「そんなのいませんよ。聞いたこともないし、噂にものぼったこともありませんね」

何か狐につままれているみたいだった。

「だって、私はアメリカのハーバード大学に行っている若いブータン人の女性から聞いたのよ。それも二人から」

「きっと何かの間違いですよ」

そんなことを間違えたりするかと思ったが、ブータンに住んでいるジャンベイが、そんなことはありえないと言うのなら、その言葉を信じる以外にない。つまりアメリカ人の王妃なんて

第四代国王と4人の妃。彼女たちは姉妹だ。
アメリカ人の妃なんていなかった。

いなかったのだ。

どうでもよいことであったが、私の旅の目的の一つは、ブータンの国民がアメリカ人の王妃をどう受け止めているか知りたかったことにあったから、ちょっと気が抜けてしまった。


山の方に向かってドライブする途中に散在する家々は、ほとんどが農家のようだが、何家族も一緒に住んでいるためか、大きい。まるで芸術作品のようだ。まず家の形が今まで訪ねたどの国でもみたことがない。そして家の形や作りは隣の家とあまり変わりがないようだ。変っているといえば、木造建ての木の部分が、窓枠といわず柱といわず、木そのものが見えないように色美しく絵が描いてあるのだが、その絵の違いだろう。それらの絵は、なるべく美しく見えるように、時には花であり、時には幾何学的な模様であったりする。壁にあたる部分には、宗教的に縁起が良いと言われている動物だったり、或は架空の動物であったりする。それもすべて手描きなのだ。

私は、そのように家を美しく見せるための絵などは、ブータン人は器用で、絵もうまく、家族の人たちが総出でやるのかなと思ったのだが、ジャンベイの話では、そういう絵を描く専門家がいてお金を払って描いてもらうのだという。家は美しく見せるように絵を描かなければならないからだ。

「それも王様の命令?」

「そう」

「お金のない人はどうするの？」

「お金がないなんて、そんなことは言えないんですよ。何しろ王様の命令なんですから。皆心がけて貯金をして、たまったら絵描きを雇うんですよ」

民族衣装を着ることばかりでなく、これから建てる家屋はすべてブータン式でなければならず、家の壁や柱に絵を描くことまで義務付けるなんて、これは、全く自分の生活に関係のない者だけが、客観的に考えた時に出てくるアイデアなのではないだろうか。やはり、どこかでアメリカ人女性が関係しているのではないかしらと私はまだ勘ぐっていた。

国全体を観光地化することで、何も資源がないところを、大きな資源に変身させる。観光客は確かに西洋では見られないような家屋に興味を持つ。現に私がそうなのだ。そんな美しい家から目が離せないし、写真は何枚でも撮りたくなる。しかも、そのような家々の間を歩く人たちが皆民族衣装を着ているとなれば、全く別世界にきているという感じになる。映画でも見ているようだ。

「そんな命令に反対する人はいないの？」

いくら国王の命令といっても、すべての人が何の抵抗もなく、素直に聞くものなのか不思議だった。

「いませんよ。家に帰れば、もっと楽な洋服、つまり貴女たちのような西洋の洋服に着替えられます。でも家の外に出る時には、必ず民族衣装に着替えなければならない。特に学校とか公共の建物に行く時はきびしい見張りがいて、きちんと民族衣装を着ていないと罰金が科せられます」

「仕事がしづらいんじゃない？　たとえば農業をする時とか」

総人口の75％の農民に民族衣装を着せて農業をさせるのは、ちょっと可哀想な気もする。

「もちろん、農民も着なければいけませんよ。でも、もともと農民はこんな服を着て農業をやってきたんですから抵抗はないはずですよ」

「農作業の時、男の人は、袖が邪魔になるでしょうね。女の人は、ロングスカートじゃ全然仕事にならないでしょう？」

「でも、今までそうしてやってきたんですから」

ジャンベイは淡々と答える。農民への同情なんてさらさらないみたいだ。

私が訪れたのは冬だったので、外で働いている農民の姿を見ることができなかったのはちょっと残念だった。

ホテルに戻る途中でキチュ・ラカンというお寺に立ち寄った。数年前までは、このお寺には外国人は入れなかった。最近は許可があれば入れるようになったので、ジャンベイは私のために許可をもらっておいたはずなのだ。ところがその日は入れないという。国王の母君がちょうどその時訪れていたからだ。そういう時は入れない。中から聞こえてくるお坊さんのお祈りの声と、その時奏でられる音楽を聴くだけで満足するしかない。

元々のお寺は七世紀に建てられ、ブータンで一番古いお寺の一つと考えられている。十八世紀に洪水で流され、今のお寺は、元のものよりもずっとダウンサイズして作られたという。こんな山の中でも洪水が起きるなんて、水は恐ろしいパワーを持っているようだ。洪水をおこしたパロ・チュ川は、パロの中心を通っている。空港の側を流れていた川だ。

新しく作られたお寺とはいえ、原型をなるべく保とうと作ったのだろうから、いかにも古く見える。五年前にも第四代国王の母君が礼拝堂をもう少し広くと改築を希望したという。でもたった五年前というのに、どこがどう増築され改築されたのか全然わからない。

それにしても、国王の母君が時々参拝されるなんて、なんとのどかなことか。

▼春風に群れなし闊歩格子柄
▼四人の妃侍らす王や菊枕
▼古草の導く寺に越天楽

パロの街を歩く

二日目は、朝食後、パロの博物館と「西岡チョルテン」を見学し、その後パロの町中にあるレストランでランチを食べ、午後はショッピングという計画だった。

パロの博物館は、古いゾンを改造して作られていると聞いた。ゾンというのは、「城砦」あるいは「要塞」と訳されているらしいが、日本の城よりはもっと民衆の生活に近いようだ。ブータンではゾンの存在は大きい。ゾンはもともとは、ブータンが一つの国家としてまとめられる以前から作られ始め、発達していったようだ。したがって、作られる場所としても、その地方で一番安全で、敵が攻めて来た時に戦うのに一番都合の良い場所に建てられた。同時に、その建物は修道院としても使われていた。

作りとしては、大抵大きな中庭があり、その中央に仏塔があって、それを囲むようにして、修道僧と国を統治する人たちが住むような形なのである。また、その中央の仏塔がなくて、中庭が二つに別れていて、一つの庭は僧達が使い、もう一つの庭は統治者が使うという形もある。一般市民はそのゾンの周りに住み、そこから村ができ、町ができていき、現在もこの二つの形を引き継がれているようだ。私たちが訪れたパロのゾンは後者のような作りで、建物の半分は今も修道院として使われ、僧達の住居になっており、後の半分は市役所として使われていて、

パロの博物館

パロ街

一般市民が自由に出入りしている。

ゾンの建物から少し離れて、高台になっているところに、別棟として建てられた見張り櫓が博物館になっていた。崖の端に位置しているので、遠くまで見渡すことができる。敵の襲来を見張るための櫓だったのだろう。この櫓は、二、三年前までは、お寺やゾンが火事になった時に、運び出された宝物を保管する場所として使われていた。ブータンでは木造建築が多いので火事が多い。でも最近の観光ブームで、散在していた宝物をきれいに並べ、博物館にしたようだ。英語とゾンカ語の説明板がついていた。

建物は櫓らしく丸い形をしている。それはそれでおもしろいのだが、岩山の端に位置しているので、風は吹きさらしで、遠慮なくヒュウーヒュー入ってくる。とても寒い。もちろん暖房などはない。

パロは小さい街だし、観光スポットも限られているから、パロを訪れる観光客は皆この博物館を訪れるようだ。飛行機の中であったフィンランドやフランスのグループもやってきていた。お互い再会を喜んだ。

展示されているのは、お寺にある宝物ばかりでなく、四千年も前に発掘された人骨などもあった。ということは、こんな山奥にもそんな昔から人間が住んでいたということであり、本格的に発掘作業をすれば、いろいろ新しい事実がわかってくるだろうが、そんな動きはまだないようだ。

博物館内では写真撮影は禁止だったが、録音はＯＫだった。フィンランドのグループはレコーダーを担いで歩き廻り、ブータン仏教についていろいろ質問していた。

チベットが六世紀から七世紀にかけて統一された時に、ブータンにもチベット仏教がもたらされた。チベットを統一したソンツェン・カンポ王がパロのキチュ・ラカンとブムタンのジャンパ・ラカンを建てたことがブータンへの仏教伝来の初めとされている。

その後、ブータンでは仏教が徐々に受け入れられていったのに対し、チベットでは仏教弾圧があり、仏教はかえりみられなくなっていったが、十一世紀から十二世紀にかけてよみがえり、ニンワ派、カギュ派、サキャ派など新しい宗派が生まれた。その中のカギュ派の支派であるラ派やドウク派が、ブータンのパロやティンプーを中心に伝道を始め、定着していった。

チベットでは、その後宗教改革運動がおこり、その一派をケルク派と呼び、チベット一帯を支配するようになった。その派が現在のダライラマと同じ派であり、ブータンで定着していたドウク派とも通ずるところがあって、ブータンもチベット宗教と深い関係を持つようになった。そしてその当時一番貢献したのが、タントン・ギャルボというお坊さんなのだ。ブータン仏教はタントン・ギャルボなしでは語れない。

タントン・ギャルボというお坊さんは十五世紀にチベットからきた高僧なのである。実際はブータンに鉄鉱をさがしに来たのであったが、パロにさしかかった時に、パロ近辺の人たちが魔女に悩まされているということを知り、パロの地に仏塔を建てたという。パロはちょうど魔女の頭にあたるところだったので、そこに仏塔を建てるということは、魔女を制御したということを意味し、それからというもの、人々は魔女に悩まされることがなくなった。この時から人々はタントン・ギャルボを聖人として崇めるようになった。

その後、タントン・ギャルボが鉄鉱を探してタチョガン・ラカンという所にさしかかった。そこは、パロとティンプーからの川が合流する所で、川の縁から急斜面の岸壁が空にむかってそびえたっているところであったが、そこで瞑想していると、霊が現れ、そこに鉄の橋を作り、お寺を建てれば、ブータンに仏教が広まるというお告げがあったので、その通りにした。これが縁でブータンに仏教が広がりはじめたと人々は信じ、ますますタントン・ギャルボを聖人として崇めてやまないのである。しかし、タントン・ギャルボは、ブータンで八つの橋を作った後にチベットへ帰ってしまった。

博物館はそれほど広くないのだが、宝物ばかりでなく、古い写真や武器、民族衣装の変遷、切手などいろいろ展示してあった。切手収集が流行った時期があったのだろう。動物の剥製もあった。パロには動物園がないから、めずらしい動物が真近に見られて面白かった。

私の質問にいつでも答えられるようにすぐ後ろにくっついて歩いているジャンベイの様子がおかしくなってきた。寒くてたまらないようだ。窓から見える大きな山々は雪に覆われている。

前の晩、雪が降ったのだろう。

私は、股引の上に厚いズボンをはいていたから、まあまあ我慢できたが、ジャンベイは膝が丸出しなのだ。それが民族衣装だから仕方がないが、外の寒さに長時間さらされるのは我慢できないらしい。

博物館の見学もそこそこにして、外で待っているミニバンに飛び乗った。車の中は暖かい。

博物館の外では、他のグループのガイドや観光バスの運転手がまだかまだかと、膝を丸出しにして、寒さに震えながら辛抱強く待っていた。

そんなブータン人の中で、一人皆から離れてタバコを吸っている男の姿が目に入った。

「あら、この国ではタバコは禁じられていると聞いたけど?」

案内書には、ブータンは、環境保護のため喫煙はいっさい禁止されていると書いてあった。何かを隠すようにこそこそと吸っている姿は実に奇妙だった。

「そうですか、吸っていましたか……」

ジャンベイは残念そうに言った。

「実は、タバコは公共の場では吸ってはいけないのですが、プライベートな所ではいいんです。僕だって吸いますよ」

それまでタバコを吸うそぶりなど全く見せなかったのでびっくりした。

「十五歳の時から吸ってますよ」

さらに驚いた。何と言っていいのか分からなかった。

「多分、僕には悪い友達がいたんでしょうね。十五歳からずっと吸っていて、やめられないんですよ。でも公共の場では絶対に吸わない。周りの人にも悪い影響をあたえるんでしょう？」

環境保護のためとはいっても、全面的に禁止することはできないのだろう。でもブータンは煙草の禁煙を全国的に実行した世界で初めての国なのだ。


博物館のすぐ近くに、私たちの歩いている道より、三メートルぐらい高台の崖のようになっているところがあった。崖っぷちに、二人の労働者風の女性が坐って手を振って何か言っている。口の中に食べ物がいっぱいなところを見ると、食事中のようだ。まだランチには早いから朝食なのだろうか。

手を振っているのは、こっちへ来いという意味のようだ。叫んでいる言葉に耳をすませると、「フォト！　フォト！」と言っている。つまり、「こっちへ来て写真を撮ってくれ」と言っているのだ。

ジャンベイに、「上に登って行ってもいい？」と聞いたら、「いいですよ」と言うので、私は一人坂道を登ってその二人の女性の方に近づいていった。近づくにつれて、建築の工事をしている光景が見えてきた。

工事現場はそんなに広くはないが、片隅の大きな砂の山から砂をコンクリートミキサーに運び、どろどろのコンクリートを建物の柱が何本も立っている工事現場まで運んでいくのだ。運ぶのには長い棒を使い、棒の真ん中に砂やコンクリートのかごをぶらさげて、二人の大人が両端を肩にかけて運ぶ。そこで働いている人は総勢五十人。男ばかりでなく、女も子供もいる。

なぜ二人の女の子だけが腰掛けて食事ができるのかわからない。交代制なのかもしれない。盛んに、「フォト」というので、デジカメを向けたら、仕事をしている人たちまで手を挙げて、「フォト！　フォト！フォト！」と言う。

写真を撮り続けると、仕事の邪魔になるかもしれないし、そのうちボスにでも見つけられたら叱られるだろう。だから、私はそれ以上は近づかなかったのだが、すごい騒音と共に、よちよち歩きの子供が泣き出した。子供のお母さんは一緒にいないようだ。子供を安全な場所に立たせたまま、自分は男たちに混って仕事をしている。子供が泣いているからといって、すぐとんで行けないようだ。

そんな光景を写真にとっている自分が何とも言えず嫌になって、その場を去った。私がミニバンの中に戻ると、中でじっと待っていたジャンベイが言った。

「インド人の労働者なんですよ。博物館を広げるため、新しい建物を建てているんです」

ブータンには、ブータン人の労働者はいないようだ。

パロの街はブータンにたった一つしかない空港があるのだからさぞかし大都市だろうと想像

していたのだが、実際は人口四万人にも満たない小さい町なのだ。街の中心街といっても道は一本しかない。二百メートルも行けばもう街のはずれなのだ。観光客相手の店を廻るのには半日もあれば充分という感じだ。

そんな店もすべて伝統建築で、美しい絵が描かれている。私は建物の写真を撮るのに夢中になっていたが、ある店で日本語の貼り紙を見つけて立ち止まった。「ヒマラヤの松茸ありま す」と書いてあった。

それを見てその店の中に入らない日本人がいるだろうか。中にいる奥さんは日本語が上手だった。値段も日本人用でかなり高かった。「少し安くして下さい」と言ってみたのだが、絶対負けないとすごい強気だ。仕方がないと思いながら、私はその松茸を買った。

ヒマラヤの山の奥にはいろいろな種類のキノコがあり、ブータン人の食卓にも時々のるらしいが、松茸だけはいやがられていたという。理由は匂いである。変な匂いだとブータン人は好まず、動物の餌にしていたという。日本人がブータンに来るようになり、松茸を発見してから、考え方が変った。自分達は食べなくても日本へ輸出すればいい。

今では、ブータンにとっては大きな外貨稼ぎの材料になっている。

▼松茸や異国にいても愛されて

▼ブータンの松茸香り国栄え

ブータンの農業発展に尽くした日本人、西岡京治

次に行ったのは、「西岡チョルテン」と呼ばれている所。

ミニバンは、またまた方向の全く違う山の方に向かい、ある頂に来た。パロの中心地から十五分ぐらいの所。

「ここはどこ?」と聞いたら、

「ボンデというパロの隣の村なんですよ。ここにミスター西岡のチョルテンがあります」という答えが返ってきた。

村といっても家がパラパラしかない。本当に片田舎という感じだ。

ジャンベイが途中で道を聞いていたところを見ると、いつも来ている所ではないらしい。ちょっと行き過ぎたらしく、戻って着いた所は、別の山のてっぺんだった。そこは丘というべきなのか。さらに高い山々が近くに見える。「西岡チョルテン」はその丘のてっぺんにあった。

そこに立つと、風がひゅうひゅうとさらに強く感じられる。南と西の方は大小の丘が幾重にも重なって見え、東の方は一面畑のようだ。しかし、その「西岡チョルテン」がある所からは、三百六十度の景色を眺める事ができる。

丘の上から、北側の下の方に見える、白い屋根の建物を指して、ジャンベイが言った。

「あれが、ミスター西岡が作った農業試験場なんですよ」

実は私はブータンに来るまで、西岡京治さんの存在は知らなかった。

西岡さんは、まだ大阪府立大学農学部の学生だった頃にネパール学術探検隊に参加し、その時、野生の大麦を発見するという成績をあげるような優秀な学生だったから、卒業後は、ブータンへの農業指導者として派遣されることになったのである。一九六四年に国際協力機構（JICA）から派遣されてブータンに入り、一九九二年に亡くなるまでブータンの農業発展のために一生をささげた人物である。最初は二年の予定だった派遣だったが、西岡さんはますますブータン農業には欠かせない人になり、同時に国王からの依頼もあって、それから亡くなるまでの二十八年間ブータンに住んで、農業指導にあたってきた。

まず実験のための農業試験場を作ることから始め、野菜や、果物栽培を普及させ、食生活の改善にも尽力をつくした。一九七一年には、日本では当たり前の稲作の並木植を紹介し、40%以上の増産に成功させたりして、西岡さんはブータンにとって「国の恩人」と言われるほどになった。ブータン人から慕われ、ついに一九八〇年に国王から「ダショー（最高の人）」の称号が贈られた。それは王族か、よほど国のために尽した政治家や高級官僚でなければもらえない名誉ある称号なのだ。

西岡チョルテンと墓守り

西岡京治さんに「ダショー」の称号が贈られたことを記した銘板

チョルテンというのは、仏塔のこと。普通、仏塔の中には仏教の教典などが入っているらしいが、西岡チョルテンの場合には、西岡さんの灰が入っているという。ということは、西岡さんの墓でもある。

コンクリート作りで、花や線香が供えてある。西岡さんの写真も飾ってあった。チョルテンの隣りには、木造の建物があって、中には仏などの像があり、そこにも花が飾られ、線香があげられるようになっている。隣りには、マニ車（praying wheel）があって、それに風が当たったり、人に押されたりして廻るたびに、中に下がっている鐘がチンと鳴る。それが何とも物悲しい音なのだ。

私たちがたどり着いた時、訪問客は誰もいなかったが、子供も含めて十人ぐらいのブータン人が、ダルシン（経文旗）を取り替える作業をしていた。ダルシンは、家族の者が亡くなった時、十メートルくらいの長い竹や木の棒に、チベット語で祈りの言葉が書かれている旗をくくり付け、風の強い所に立てるのだ。風にあたってハタハタと鳴る音がお祈りだと皆信じているので、普段は祈りの書いてある布地を取り替えることはせず、そのままにしておくのがならわしなのだ。

そのダルシンを取り替えていた。いったいどういうことなのだろうか。西岡さんの家族は今はブータンにはいない。ということは、ブータン人の誰かが、あるいはブータン政府がお金を出してダルシンを取り替えているということになる。西岡さんの魂は、ダルシンと共に永遠にあり、いつまでも西岡さんの志を受け継ごうというブータン国民の心構えを表しているのだろうか。冬風に吹かれながら、かじかんだ手でダルシンを取り替えているブータン人の姿を見ていると、ジーンとこみ上げてきて涙がでてきた。

「西岡チョルテン」のすぐ側に小さな家があった。多分墓守の家なのだろう。手当たり次第に見つけた木の切れ端をつなぎ合わせて、やっと建てた掘立小屋に見えた。しかも三百六十度からの風に吹きさらされるのだから、雪の降る真冬などは、身の切られるような寒さだろう。

「高い称号をもらって、ブータン人から慕われているミスター西岡の墓守の家が、なぜあんなにみすぼらしいの？」

私はたまらなくなって、ジャンベイに抗議してしまった。

「あの仕事は公募したんですよ。そしたらあの人が応募してきたんです。あの人は、この辺の人じゃない。どこか遠くの方から来ていて、そこにも自分の家があるんでしょう。だからここにある家がみすぼらしくても構わないんでしょう」

それでも私は納得できなかったが、西岡さんの墓守の熱意は良くわかった。しかし、せめて風の吹き込まない小屋に住まわせてあげたいと思いながらその場を去った。

▼小春日や異国の忌碑よ永久に

若者が家族の面倒を見るブータンの家族制度

三日目、朝起きると、山の方から晴れてきて、雪山が雲に見え隠れしている。興奮して写真をたくさん撮った。

パロを発ってロベサに向かう。チェゾム、カサドラプチュ、シムトカという小さな村々を通過する。チベットからの避難民の定住地域も通った。一九七四年のチベットと中国との紛争の時に逃げて来た人たちだ。ジャンベイが言った。

「あの時、ブータン政府は、チベット人であれば無条件で受け入れたんですよ。だからブータンにはチベット人が多いんです」

道は上り坂になり、ドチュ・ラという峠にきた。そこには一〇八のチョルテン（仏塔）があり、教典が奉納されているそうだ。

なぜ一〇八のチョルテンなのかと聞くと、タントン・ギャルボが仏教の布教をしている時、誰にも彼の能力を信じてもらえなかったが、一日で一〇八の寺を独力で建てたため、それから、人々はタントン・ギャルボを信じるようになり、仏教が広がり始めたという。そして、タントン・ギャルボが亡くなった後には、彼の死を悼んで、この山の頂上に一〇八のチョルテンを建

ドチュ・ラ峠には108ものチョルテンがあった

ドチュ・ラ峠のレストラン

てたのだそうである。

そこからの眺めがすごい。雪をかぶった山々が連なっている。チョモラリ七三一三メートル、ジチュダケ六八〇九メートル、ジェジェカンプ・ガン七一〇〇メートル、テリ・ガン七二〇二メートル、カンプ・ガン七二一二メートル、チョモラリ・ガン六九三〇メートル、クーラ・カンリ七五三八メートル、ジン・カンリ六八三〇メートル。

右から左へ、左から右へと、ムービーカメラを何度回しても、まだまだ撮り足りないような気がする。ブータン人がそんな山々を聖なる山と呼び、登山を禁じているのもわかるような気がする。

これらの山々はエベレストと同級の山だが未踏だという。ブータン人に言わせれば、世界で一番高い未踏の山はブータンにあると誇らしげに語る。そして、登山を禁じた聖なる山々は、中国人がブータンに乗り込んで来られないように、自分たちを守ってくれていると信じているのである。


このドチュ・ラ峠にレストランがある。そこで大抵の観光客はランチを食べる。よくもこんな崖っぷちにレストランなど建てられたものだと感心したが、ホテルも建築中のようだ。まるでお城のようである。多分高級ホテルなのだろう。ここでもフィンランドのグループと会った。外国からの旅行者の行く所はほぼ同じらしい。

車の中で、いろいろジャンベイに聞いた。彼は三十五歳ぐらいだと思ったのだが、もっと年をとっているらしい。しかし、本当の歳はついに言ってくれなかった。

まず、ブータンの家族制度について。

ブータンでは、働き盛りの若者が家族の面倒を見る。ジャンベイの場合は、面倒を見なければならないのは十人。一番出費が大きいのは、インドの私立大学で勉強していている弟で、一ヵ月五百ドル送っているそうだ。だから全然お金が貯められず、友達がやっているようなホテル経営などとても考えられないという。ジャンベイは、私が泊ったホテルのオーナーを知っていて、面倒を見なければならない家族がたったの五人だから、彼はお金が貯められホテルを建てることができたのだという。キンレイの家族も五人なので、まあまあだそうだ。十人は大変だろう。

ナイト・ハンティング（夜這い・妻訪い婚）のことも聞いてみた。ナイト・ハンティングというのは、ブータンで昔から行われている結婚相手をさがすための平安朝さながらの風習である。

好き合っている男女は、まず女性の方が、「夜、訪問してもいいよ」と許可を出す。山村には電気がないから、男性は、親が眠った後にそーっと女のベッドルームに入り込む。それを、女性の親が見つけるまで続ける。見つけられて、親がオーケーしたら結婚は成立。オーケーでなければ男性はあきらめて他の女性をさがす。女性の方があきらめられない場合は、家を出て男性の家の家族と一緒に住むことになるが、そうすると、いろいろやっかいなことが起きる。ブータンでは女の子が親の財産、特に家、田畑を相続し、そのかわりに親の面倒を見るというのが風習だからだ。女の子が家を出てしまうと、親を見るのは誰か、それは大きな社会問題になりかねない。

この夜這いの習慣は、法律では一応禁止されたが、今でも山村では行われているという。山村まで法は浸透しにくいのだろう。

「キンレイはビッグハンターで、若い時には盛んにやっていたんですよ。でも適当な相手が見つかってもうすでに結婚したんだから、今ではやっていないだろうと思いますけどね」

ジャンベイはひやかすが、キンレイは私たちの話がわからないからキョトンとしている。

ブータン仏教とは……

次に仏教に関することを聞いてみた。

「仏教では殺生は悪いというけれど、貴方も王様もベジタリアンじゃないのはどうして？」

「少しぐらいの悪いことは許されるんですよ。普段よいことをたくさんしているからね。悪いことはblack deed、良い行いをwhite deedと言います。黒よりも白が多ければ、それで許してもらえるんですよ」

ジャンベイによれば、ブータン仏教の考えでは、男性は女性よりもうすでに7 Life Time Ahead（先生七回目）だから、男性の方が優性だという。ジャンベイは、何となく自信に満ちているという感じがするし、女の私を何となく哀れんでいるような気がする。7 Life Time Behind（七生遅れ）だからだろうか。同時にブータンの男性が女性の面倒を見たりかばったりしなければならないという考え方はこんなところからくるのだろうか。しかし、こんな考えを大っぴらに話したり、議論しているのに出くわしたことはない。ジャンベイだけが、私だけに言っていることなのか。ジャンベイから受ける印象は、女性は何となく男性よりは下位におかれているように感じるが、一般的には、ブータンは女性上位の社会だと言われているので、本当はどうなのだろう。

「ブータン人は穏やかな人種らしいけど、喧嘩なんかしないの？　喧嘩がこうじて殺し合いなんてないの？」

「それはありますよ。人間ですからね」

「そんな時裁判で死刑なんていう判決ある？」

「それはないですね。最高に重くて終身刑ですか」

ブータンでは物乞いは禁じられている。これも国王の命令だ。「けれども」と、ジャンベイは説明する。

「ブータンには乞食はいないが、Lay Monk が家々を訪問して食物を乞う習慣があります。Lay Monk というのはパートの僧侶のことです。本当の僧侶になるためには一生を修道院で過ごさなければならないんですが、そうすると家族の面倒をみることができなくなるし、人手が足りなくなって農業を続けることができなくなってしまうんです。だからフルタイムの僧侶にはなれないんです。でも、次に生まれる時には、もっと良い人生にしたい、そのためにも僧侶になるのが一番早道だと思っているので、現世でパートタイムの僧侶になるんですよ」

ジャンベイの趣味はバードウォッチングだという。ある日、望遠鏡で鳥をさがしていたら、その中に女性が写り、その女性を見たらすぐに、この人だと思い、その女性をつけまわしたという。そしてついにその女性と結婚した。今年で結婚五年目になるが、子供はいない。面倒を見なければならない家族が十人もいるから。

「国民総幸福量」という思想

ＧＮＨ（Gross National Happiness　国民総幸福量）のことについても聞きたかった。

ＧＮＨという言葉は、一九七二年にジグメ・シンゲ・ワンチュック王がブータンの第四代国王として王位を継承した時に使い始めた言葉で、国の裕福さを示すのは、国民総生産（ＧＮＰ）の数字の高さを示すのではなく、ＧＮＨであるべきで、ブータン国は自分が国王である限り、ＧＮＨを最終目的として国の政策を進めていきたいというようなことを言った。

それからこの言葉は世界を駆け巡り、それまでＧＮＰの数字だけを追っていた資本主義の国々に、改めてＧＮＰの数字を追うことがはたして国民に幸福感を与えることなのか再考するきっかけになった。

ＧＮＨについて考えるために、国際会議まで開かれるほどになり、二〇〇九年にはブラジルで五回目を迎えている。日本ではまだ開かれていない。

第四代国王は二〇〇六年に自分の息子に王位を譲り、第五代国王が誕生したが、第五代国王の声明もやはりＧＮＨを達成することが自分の任務であるといい、二〇〇八年の戴冠式の挨拶の時にも、国民全員の幸福と感情の豊かさを政策の究極目的であるような社会を文明開化した賢明な国といい、自分はその達成に尽力を尽くすという再度の声明を出した。

そしてブータンは選挙後、事実上立憲君主国になったが、その後も、GNH委員会を設け研究を重ねている。

その国のGNH度が高いか低いかを計るのは難しいだろう。計る方法をいろいろな団体が考えているが、数字で出すなんて、ちょっと不可能のような気がする。しかし、二〇〇六年に、イギリスのレスター大学がその方法を考案し、一七八ヵ国を数値化した。なんと最高幸福度はデンマークでブータンは八位だった。日本は九十位と出た。

こうして世界でさわがれているGNHについて、ブータン人のジャンベイはどんな風に考えているのか私には興味があった。これから王様はどんな政策をとっていくのだろう。そしてどう世界に影響を与えていくのだろう。

しかしジャンベイは、そんなのは当たり前のことで、いまさら話すこともないという調子だった。ジャンベイにとって、幸福とは、お腹が空いた時に食べられることと、屋根の下にいられるということで、それ以上のものは余分だという。それは、自分一人だけについてではなく、自分が責任をもっている十人全員について言えるという。

一番美しいと言われるプナカ・ゾン

その日はロベサに泊る。またまた真新しいホテル。

「お友達のホテル？」と聞くと、ジャンベイは笑いながら、「そうですよ」と答えた。

そのホテルはプナツアンチュ川の川岸にあるので、天気がよくても風がビュービュー吹く。ブータンで風が一番ひどい所なのだそうだ。

果物がホテルの食堂のテーブルの上に載っていた。昨夜、「これ何？ ブルーベリー？」と聞くと、ウェイターは、「そう、そう」と答えた。でも食べてみると、ブルーベリーのようでもあるし、そうでないような気もした。それで、今朝もう一度、「これ何？」と聞いてみた。すると、「グレイプス」という答えが返ってきた。

なるほど、言われてみれば葡萄の味がする。黒色でもぶどうなのだ。この辺で採れるオレンジも非常に新鮮だ。オレンジの季節は十二月なので、今まで冷蔵庫で保存しておいたのだという。そういう保存方法は良く整っているようだ。

朝十時ホテル出発。ロベサから北に、古都プナカに向かった。ブータンで一番美しいと言われるプナカ・ゾンを見学するのだ。

プナカにあるゾンをプナカ・ゾンという。プナカは海抜一三五〇メートル。人口は二万五千人。パロよりやや小さい町。一六三七年に、シャブドウン・ンガワン・ナムゲルという人物によって建てられたと言われている。

しかし、なぜこの地にゾンが建てられたかには二つのいわれがある。ブータン人はいわれが好きなのだ。

一つは、ブータンを統一し、「ドウク・ユル（雷龍）の国」と名付けた人物、シャブドウン・ンガワン・ナムゲルが勝利の戦いを記念して建てたといういわれ。しかしその土地はすでに一三二八年からナギリンチェンというチベットからの聖人によって統治されていて、お寺が建てられていた。そこがちょうどポー川とモー川が合流する所だったのである。シャブドウンは、その古くからあったお寺の真ん中の敷地に大きなゾンを建てた。人々は、もとからあったお寺を小さいゾンと呼び、新しいゾンを大きいゾンと呼んだ。そしてそれが後にプナカ・ゾンと呼ばれるようになったというのである。

もう一つのいわれは、グル・リンポチェが、八世紀にブータンを訪れた時、「象の鼻のように見える丘の先端にナムゲルという男が来て要塞を築くであろう」という予言が伝えられていたが、後にシャブドウン（ナムゲル）が実際そこへ来た時、テントを張って野宿していたが、その夜、グル・リンポチェが彼の夢の中に現れて、予言と同じことを告げた。それでシャブドウンは直ちにその地に予言通りにゾンを建て、チベットのラルング修道院から持ってきていた観音菩薩の像、ランジュン・カルパニという最も聖なる遺品とあがめられていたその遺品をそこに納めることにした。それは、チベットにドルク派を広めたツングパゲア聖人の火葬中に、その聖人の背骨から奇跡的に現れたアバロキテキシバラ神（チベット人の信じる物造主）の像だった。その像はチベット人にとってもかけがえのない遺品とされていたので、十七世紀にな

ロベサのホテルの食堂で一人で朝食

グル・リンポチェ

って、それを奪い返そうと、チベット人はそれが納められているプナカ・ゾンを襲ってきた。しかし、ブータン人はチベット人を追い返すことに成功した。この話がプナカのセルダというお祭りが始まるきっかけになり、プナカではツエチュよりも大切なお祭りとされている。そして、祀られる聖人はグル・リンポチェではなく、シャブドウンなのである。

二つの川が合流し、しかも平地になっている土地に建てられたゾンは、大きな船のように見え、ブータンで一番美しいと噂された。このゾンは一九五〇年代まで、三百年の間、冬期間中の首都だった。一九五〇年以降は政治は首都のティンプーから移動されることはなかったが。現在はプナカ地区の行政だけを扱っている。そして同時に修道院でもある。

プナカ・ゾンは、今までに何度も災難にあった。火災六回、洪水二回、地震一回。つい最近でも一九八五年に火事に遭い、一九九四年には洪水に見舞われ非常な被害をうけたので、十年の歳月をかけて徹底的に建て直しをし、二〇〇三年に完全にその工事が終わった。したがって我々が見ているのは、改装の終わったばかりの新しいプナカ・ゾンなのだ。実にきれいに修理されている。雲一つない青空に輝いて見えた。外から建物全体の写真を撮りたかったが、あまりにスケールが大きいので一枚の写真におさめるのに苦労した。

ゾンの中庭に面している方はバルコニーで囲まれているが、そのバルコニーの欄干は木彫りで、色鮮やかなブータンの植物や花などの絵が描かれている。修理にはずいぶん時間も経費も

ブータンで一番美しいと言われるプナカ・ゾン

聖なる所に建てられた、インド、ブータン、チベットの3種類のチョルテン

かかったろう。

このプナカ・ゾンはプナカ地区の行政府であるばかりでなく、修道院でもある。この中には、修行僧たちの宿泊の他に、二十一ものお寺もあるという。それらのお寺の中には仏陀やシャブドゥンやグル・リンポチェのようにブータンの仏教界に大切な人物の絵や、インドやチベットでドルク派、カギュウ派に属し、偉業をなしとげた人物も描かれている。また仏陀の一生の絵も見事なものだった。ブータン仏教を説明する絵もある。まだ鮮やかである。

建物の中で一番大きな建物は僧侶たちの集会所であるが、その建物の入り口には東西南北を守る神様の絵、右側にはブータンの宇宙観を表す絵、左側には曼荼羅の絵がどれもなまなましく描かれている。

この入り口の絵を見ようと、ブータン人と外国からの観光客が入り交じってごったがえしの混雑だった。ジャンベイは仕事の一部として、英語で私に説明していたが、それを、ブータン人は不思議な顔をして見つめていた。

ジャンベイの説明はこうである。

その円形の絵はいわゆる六道輪廻図（クジェラカン）である。

真ん中にある小さい円が三つに別れていて鳥、蛇、猪の絵が描いてある。それらは人間の欲の象徴だという。

その周りにさらに大きな円があって、それも六つに別れていて、天、人、餓鬼、畜生、地獄、阿修羅の絵が描いてあり、ジャンベイによれば、我々が死ぬと一旦は地獄に落とされ、そこで振り分けられ、最終的にそこに描かれている六つの世界のうちのいづれかの世界に行くかが決められるのだそうである。その振り分けの時に、現世での行いが判断の基本になるので、現世での行いが大切ということになるわけである。その外側にもう一つの円がある。それは現世の絵で我々の世界。現世の人間の生き様が細かく真に迫るように描いてある。そのような宇宙観を表す絵とか曼陀羅の絵は瞑想する時に使われる。絵の中心に気持を集中することによって、そこから仏の世界に入ることができるという。

ジャンベイは仕事として何度も説明しているから、機械的に淡々と話しているが、私は、初めて聞くのであるから、あまりの知識の多さ、深さに圧倒されて言葉も出なかった。

ブータンでは、最近でこそ子供たちが学校に行き、読み書きができるようになったが、それらの絵が描かれた頃は字が読めなかった。したがって、そのように読み書きができない民衆に仏教を伝えるために描かれたものなのだ。字が読めない人達のために描かれた絵はなまなましく、良くわかるように説明していたが、悟りを得るのはなかなか大変そうだ。

絵の中では悪は黒、善は白で表されている。人間には善と悪が混じっているので、生きている時には死んでから地獄に落とされないように、白の部分を多くするように努力しなければならないというのがジャンベイの考えだ。十人の面倒を見るのも、白を多くするための努力だという。

ブータンはＧＮＨ重視の政策をとっているのであるから、自然環境問題対策にきびしいと聞いていた。つまり焼き畑を禁じたり、健康を害すたばこを禁じたりするのかと思っていたが、特に朝早く、あちこちで煙をもうもうとたいている光景を何度も見た。私はそれが焼き畑だと思った。

「焼き畑は禁じられているんじゃないの？」とジャンベイに聞くと、

「そうかもしれないね。でもね、人口の75％が農民で、それなりに力もあるから農民のすることにはあまりうるさく口を出さないことにしているんですよ。でもね、もしかしたら、それは信仰心の深い農民が煙で朝の清めをやっているのかもしれないよ」と言う。

農家の庭には土で作った大きな竈のような設備がある。そこで香のある木の枝や葉を焼くのである。その煙は大きな束の線香の煙のように空にまいあがる。それを私が焼き畑と勘違いしたのかもしれない。経済的に余裕のある農家では朝に枝や葉を焼いて周りを清めるのだということである。仏教は今でも深く民衆の生活にとけ込み、風習は固く守られているようだ。

六道輪廻図

四方が守られている寺かワンデュの城か

翌日は、あんなに強かった風が止み、良い天気になった。しかし昼頃からまた風が強く吹き始める。風が吹くと次の日は天気になる。

観光の途中でランチに入ったレストランは元は農家だという。建物の外に西洋式のトイレが仮設されている。テキサスから来た六人のグループや、ミシガンから来たカップルもいた。皆退職してある程度経済的に余裕のある人たちのようだ。ブータンに来る旅行者は、ブータンの旅行会社の計画に従い、旅行費用を全額前払いしなければならないためだろうか、リュックを背負った若いバックパッカーには一人も会っていない。

ここで初めて魚の料理が出た。油で揚げたものだ。ブータンで魚を取るのはいろいろ制限があって難しいので、ほとんどの魚はインドから運ばれてくる。だから高価なのだ。

食事を終えて、ワンディボダンの町に行き、そこのゾンを見学した。この町はロベサから九キロ、ティンプーから七〇キロの所にあり、プナカと同じ海抜一三五〇メートルだから、冬でも暖かい。したがって、そこへ行くまでの景色は棚田が広がっていてまことに美しい。途中で見える山の頂きに一群の家々が見える。

「あの村はブータンではとても珍しくて、あの村の人たちは皆石屋で、石をあつかう仕事だけをするんですよ」とジャンベイが説明した。

　ワンディボダンは棚田を通って山を少し登った所にあった。そこからの眺めがすばらしい。どこもかしこもあふれるばかりの黄色に染まっていた。その黄色は何なのだろう。


　ここにもゾンにまつわる二つの話がある。

　一つは、守護神マハカラが、前の年にプナカ・ゾンを建てたシャブドウンの夢の中に現れ、「二つの川が合流する所の岩の上から一群のからすが四方に飛び出すから、お前はそこにゾンを建てるだろう」と予言したというのだ。

　一六三八年、シャブドウンは予言通りのところを通りがかり、通りかかった時にからすが飛び出し、それでそこにゾンを作り、それに四方が偉力で守られているという意味のワンディボダンと名付けた、というのである。

　その他にもう一つ言い伝えがある。それは、シャブドウンが川にさしかかった時に、小さな男の子が川縁で砂の城を造っているのを見かけたのでその子に名前を聞いたら、「ワンデュ」と答えたので、シャブドウンは、ワンデュの城という意味のワンディボダンと名付けたというのである。つまり、ワンディボダンは二つの意味にとられるのだ。

　ブータン人は言い伝えが好きだ。

　一六八三年に建てられたままだから、絵ははげているし、バルコニーの柱なども彫刻ではないから、プナカ・ゾンに比べて見劣りがする。でも描いてある絵はほとんど同じである。合同祈禱所である僧侶の集会所にある、仏陀の過去、現在、未来の、木を彫りぬいて作られた像がすばらしかった。

ホテルに帰って、ジャンベイとお茶を飲みながらおしゃべりした。私が根堀り葉堀り聞くことに彼は嫌がらずに答えてくれる。

「十人もの面倒を見なければならないなんて……。政府は面倒見てくれないの？」

ブータンで社会保障や、福祉制度がどれだけ整っているか興味があった。

「政府が面倒見るって？　そうですねえ、お金をくれるとかそういうことはしないけど、問題のある子とか、身寄りのない老人とかの世話は、伝統的に仏教寺院が見ることになっているから、特別老人ホームとか孤児院とか作る必要はないんですよ。でもＮＧＯとかが、孤児院とか作って親のない子供達の面倒を見ているようです。でもこれはごく最近のことですけどね」

ブータンには社会保障や社会福祉という観念はないようだ。制度としても存在しないようだ。まだまだ伝統的な家族制度が健在だし、仏教的な道徳観、つまり家族ばかりでなく、共同社会の協力的な生き方が奨励されてきたから、極貧や、見放された孤独な個人は存在しないのかもしれない。

「ブータン人はみな幸せで有名だけど、自殺はあるの？」

「自殺者がいないとは言えませんけど、ブータン仏教では自殺は最高の罪なんです。自殺すれば次は人間には生まれてこられないかもしれないんです」

孤立死とか孤独死とかはブータンにはまだ存在しないようだ。

「家族の面倒を見なくていい他の友達がうらやましくない？」

「うらやましく思ったことは一度もないですよ。いくら家があり、広い土地を持っていても、死後の世界に持って行くわけにはいきませんからね。自分の務めをして、徳を積むことが大事だと思っています。今度生まれる時に人間として生まれたいですからね」

ブータン仏教では、人は皆生まれ変わると信じられている。しかし、必ずしも人間に生まれるとは限らず、虫けらに生まれるかもしれない。それが決まるのはすべて現世の行いによると信じられている。だから、今、現在をどう生きるかが、非常に大切になってくるのだ。

ロベサで滞在しているホテルのオーナーのツォアンさんと一緒にディナーを食べた。こんなことは普通はあり得ないのだろうが、オープンしたばかりの上、冬場でオフシーズンときているから客も少ない。少ないどころか私一人なのだ。だから私は大切にされたのだ。

ツォアンさんは女性だが、今まで会ったブータン人の中で一番背が高かった。この辺の人だというが、一口にブータン人といっても、六九万五八〇〇人（二〇〇八年統計）のブータン人は、大きく分けると八民族、細かく分けると十六種族以上にもなるそうだ。言葉もそれぞれ違うというのだから驚きだ。体格に相違があっても不思議ではない。

ツォアンさんは、もともとは学校の先生で、辞めてからこのビジネスを始めたという。親は農民だったが、道路工事や建築にたずさわったりしてお金を貯め、家三軒と土地を持つようになった。子供は女の子二人、男の子一人だった。財産を分ける時、三軒の家を子供三人に一軒づつ相続させ、土地は二人の女の子に分けた。男の子はもらえなかったそうだ。それがブータンのしきたりなのだから、男の子は何も文句は言わない。

ツオアンさんは、お姉さんと二人の財産を合わせてこのホテルを建てた。お姉さんは結婚して二人の子供がいるが、自分は独身なので、このホテルのマネージャーとして働いている。若い時は、何で結婚しないのかとみんなに責められたが、今はみんなあきらめて結婚のことは言わなくなったので、自分は結婚はしないつもりだという。結婚をすると自由がなくなるから。今はとにかくホテルのことで頭が一杯、ということなのだろう。

私がワシントンで会った二人の大学生の話をしたら、自分より二級下にクエンガという頭のいい女の子がいたのを覚えているという。クエンガというのはよくある名前だが、ハーバード大学に行ったクエンガならば調べればわかるかもしれないと言ってくれた。

翌朝、彼女の姉の旦那さんが、ハーバード大学に行ったクエンガを知っていると知らせてくれた。世界は広いようで狭い。クエンガは、アメリカから帰ってきてから、しばらくブータンの首都のティンプーにいたのだが、今はインドの大学で博士号を取るべく勉強しているのだと

ロベサの棚田

いう。現在、ネパールのカトマンドゥにいる従兄弟に会いに行っているのだそうだ。そこまではわかったが、メールアドレスや住所はわからないからもうしばらく待ってくれとのこと。

明日はいよいよ首都ティンプーに向かう。そこで会えるかもと思っていたのだが、ワシントンを出る前に出したメールが戻ってきた時点ですっかりあきらめていたから、これだけ分っただけでもうれしかった。

▼春霞しりぞけ聳ゆ雪の山

ブータン人の仏教観、セックス観

四日目の朝、いよいよブータンの首都ティンプーに向けて出発。快晴。景色がすばらしい。白い山が見え隠れしている。

チベットは、そんな白い山よりさらに高い山のその向こうだ。景色を見ながら、ジャンベイに仏教のことをいろいろ聞いた。

「ゾンの中に描かれていた絵の一つに喉が細くてお腹の大きい生き物がいたけれど、あれは実世界ではどういうことを意味するの？」

「それは地獄の世界だけのことで、実際の世界ではないんですよ。それは飢餓の幽霊で、死後飢餓に苦しむ様を表しているんです」

「魂が死なないで繰り返しうまれかわっているなら、木や花や石にも魂があるでしょう。それが何回目かの生まれ変わりだとしたら、最初の魂はどうして出来たのかしら？」

「それは自分に聞いてみなさい。どんな返事にしろ、その答が答ですよ。つまり、お釈迦様が生まれた時には、もうすでに世界は出来上がっていて、木あり、山あり、花あり、鳥あり、人間ありだったのです。釈迦が造ったのではないのですから、誰が造ったのかは分らないんですよ」

「地上のすべてに魂があるとしたら、木にも魂があるはずね。木を切るということは罪を犯すことじゃないの？」

「そう。だから、真の仏教徒になれば切ることはできないでしょうね。でも、人間が生活するために必要なものだから切らなきゃならないでしょう。切った後は許しを乞わなきゃならない。それがお寺に行くということなんです。私は罪を犯しました。どうぞ木々に祝福を与えて下さいと祈るのがブータン仏教なんです。キリスト教では、私は罪を犯しました、そんな私を許して下さいと言うでしょう。でもブータンでは、私を許して下さいとは絶対に言わないんです」

静かな声で淡々と語るジャンベイは、まるで悟りをひらいたお坊さんのようだ。

ロベサにもパロにも、若者が夜たむろするような所が一軒もない。私は、ホテルで本を読んだり、日記をつけたりで忙しいが、ジャンベイやキンレイのような若者は外にも出られないで、一体何をしているのかと気になる。

「夜は何をしてるの？」

「ホテルの従業員と話したり、新聞を読んだりしているんです」

「ナイトハンティングじゃないの？」

「多分キンレイは行ってたんだと思うけど」

「ホテルのオーナーはまだ結婚してないそうね。何歳ぐらいかしら？」

私は話を盛り上げるために言った。

「実は夕べ、そのことを噂していたんですよ。多分、四十歳前後だと思うけど。キンレイに、行けばってみんなですすめていたんですよ」

「だけど、ナイトハンティングするためには女性から招待されなきゃ駄目なんでしょう？　多分、彼女は招待なんかしないでしょう？　結婚なんかしたくないって言ってたから」

「いや、招待されなくても訪問してもいいんですよ。訪問した後で許されるか追い出されるか決まるんだから。それより、あなたの窓の下で何か音がしませんでした？」

今度は、ジャンベイが私をからかってそう言う。やっとそういう冗談が言える関係になったのかもしれない。

「何か、がさごそ話し声が聞こえたと思ったけど」

「話し声じゃナイトハンティングじゃないですね。ナイトハンティングの場合には、かすかな物音しかしませんから」

「じゃ、あの音はナイトハンティングじゃなかったのね」

「残念だけど……。ホテルの窓は密閉してあるから、ナイトハンティングは難しいですよ。村の家なら鍵なんかないから、いくらでも中に侵入することができますけどね」

「ちょっとお聞きしますけど、ナイトハンティングは、罪を犯すことだと聞いたけど」

「少なくとも村では罪じゃないですよ、伝統だから。結婚後もナイトハンティングをする人がいますよ」

ブータン人のセックスに対する考え方は私たちとはちょっと違っているようだ。結婚も一夫一婦制ではないらしい。何人の妻、何人の夫を持ってもよいということだ。第四代国王が四人のお妃を持っていても、あまりさわがないし、大々的にお祝いもしなかったという。いつ誰と結婚したか、誰にも知らされなかったし、それを国民に知らせるということも義務ではないらしい。いつの間にか四人の妻と結婚していて、それがたまたま姉妹だったのだそうだ。そして、四人目の子供ができた時、そろそろ国民に知らせるべきではないかということになったが、大したお祝い事もしなかったようだ。

姉妹が同じ男性と結婚するというのは、農村ではよくある風習で、普通、土地は女が相続するから、少ない土地を細切れにしないために一人の男性に嫁ぐのだそうだ。

ユニークな政治体制

午後一時頃、首都ティンプーに着く。人口は十万五千人。首都だけあって一番人口が多い。そして増え方がすごい。この五年の間に倍になった。ブータン全体の人口はおよそ六九万五八〇〇人である（二〇〇八年調査）。

リバビューホテルに泊る。ホテルは丘の上にあり、下にティンプー川が流れていて、その向こう側にはティンプーの町の建物が見える。しかし、歩いて行けるわけもないので、ホテルに閉じこめられたようなものだ。

リバビューホテルの客室の三分の一はEU Election Observation Mission（ヨーロッパ連合選挙監視員使節団）が借り切っていたので、何となく雰囲気が重々しかった。一ヵ月後に行われるブータンの歴史上初めての選挙に備えて、ヨーロッパからの監視員の一団がこのホテルに泊っているのだ。しかし、ブータン人の多くは、選挙の監視なんて必要ないと思っているようだ。私も、こんなことをするのはブータン人に対しての侮辱ではないかしらと思った。ブータン人は、選挙に誇りを持ち、用意周到に準備をすすめているように感じた。ただ、国王の四人の妃の家族が権力を保持しようと人民に相当の圧力をかけているという噂が流れていたから、それを牽制するためなのだろうか。

ホテルのロビーを忙しく歩いている従業員に聞いてみた。

「侮辱と思わないんですか？」

「侮辱とか、そこまでは思わないですけど、我々は我々で、選挙議員を二十人選んで国家評議会というのを作って不正のないように見張っているんですよ」

「そうですか。でもブータン人は正直だと聞きましたから、不正なことをする人なんていないと思いますすけど」

「大抵の人は正直ですけどね。でもね、王の叔父に当たる人たちのグループ、つまり、王の母君の方の家族の人達が権力を得ようといろいろ裏でやっているんですよ」

「でも王様の親戚なんでしょう？　王様は全国民から愛されているんでしょう？」

「王様は愛されていても王の親戚には腹黒い人もいますからね。国民はそういうのには目を光らせていなければならないんですよ。だから、ヨーロッパから選挙監視員が来ていても全然侮辱だなんて思いません。歓迎です」

ブータン国は第四代国王の時代まで鎖国をしていた。だから我々はブータン国のことについてあまりわからなかったのだ。第四代国王が即位したのは一九七二年。王は戴冠式の時に開国宣言をした。その時、王は十六歳という若さだったが、非常に聡明で、オックスフォード大学で学び、イギリスと同じような立憲君主国にしようと、次々と改革を進めていった。

もちろん、第三代国王の時から、それまでの絶対王政の体制から、徐々に民衆に権力を移すべく努力はされてきていた。たとえば、国民議会を創設して国王の決議を拒否する権利を与えたり、国王が有していた国民議会の決議に対する拒否権を放棄したり、高等裁判所を設けたり、国王に対する信任投票制度を導入したりと、次々に斬新な改革を進めようとしたが、王を愛する国民は、絶対王政の方を好んだ。特に王が導入しようとした「王に対しての信任投票制度」を廃止してしまうくらいだった。

第四代国王は父親が始めた改革を継続して行い、より確実なものにしようとした。そのため国民選挙を実施し、第三代国王の時代からの懸案だった憲法も発布にこぎつけさせたのである。

その憲法に、第三代国王が導入しようとしたが国民議会で否決された「国王に対する信任投票制度」を導入した。国王は国家元首の役割を担い、国政の全責任を大臣評議会に委託する。以前は大臣評議会の大臣は王の指名によったが、指名後、国民議会が信任投票を行うようにした。国王の六十五歳定年制を設定し、国王の権限を大幅に制限する方向にもっていった。つまり、それまでの絶対王政から、立憲議会制民主主義国に革新しようとしているようだ。

二〇〇八年にブータン最初の選挙が行われたが、国民は大いに関心を示し、投票率は80パーセント近かった。戦ったのは、調和党と国民民主党の二党で、調和党は四十七議席中の四十五

民族衣装を着た子どもに出会う

議席をとり、国民民主党はたったの二議席だった。王の叔父二人が国民民主党から立候補して、みごと落選してしまったという。

「ブータンは民主化されたと言うけれど、民主主義というのは、一人一人の考え方が大切なのよ。これからのブータンでは個人の考え方が強くなっていくと思うけど、あなたはどう思う？」

「そう思います」

ジャンベイは淡々と答える。

「そういう時、ブータンの仏教みたいに、常に他の人、他の世界のことだけを考えるという生き方は、もっと自分のためにと変わるんじゃない？」

「いや変わらないと思いますよ」

「あなた自身はどうなの？　西洋の考え方に接して、あなたは変わると思う？」

「いや、絶対に変わらないですね。ブータンの仏教は宗教じゃなくて哲学だから。つまり私たちの生き方なんだから、そんなに簡単に変わるはずがないんです」

「そう。じゃ、十年後にまた会う約束する？　その時までに変わると思わない？」

「その頃までには、自分は今の考えをもっと固めていって、皆に祝福をしてあげられるようになっていますよ。十年後にあなたに会ったら、祝福してあげますよ」

「あなたはお坊さんになりたいの？」

「いや、坊さんじゃなくて、教える者、導く者になりたいんです」

「グルのような？」

「まあ、そんなようなものですね」


ＪＩＣＡ（独立行政法人国際協力機構）の事務所がティンプーにあると聞いたので訪ねることにした。西岡京治さんの意志を継いでいると『地球の歩き方』に書いてあったので、興味をもったのだ。所長の矢部哲雄さんに会う。いつも外に出て太陽にあたっているらしく、顔が黒光りしている。

「ＪＩＣＡは我が国のＯＤＡ（政府開発援助）の実施を担う政府の機関で、多くの事業を行っています。その一つにボランテア事業があり、純粋なボランティアを派遣しています」

矢部さんはそう強調する。

世界中に百ヵ所オフィスがあり、ブータンには二十年前から駐在しているという。ボランティアは六十人で、約四十人が四十歳以下、約二十人がシニアのボランティアである。ブータンに来たい人は多いらしく、五、六倍の競争率とか。

各事業はＪＩＣＡが決めるのではなく、その国が求める事業を手伝うのが方針だという。ブータンに派遣されるボランティアの場合には、コンピューター、建築、農業、医療、体育などの技術を教えることである。コンピューターは、インドからたくさん入ってきているが、使いこなせないので教える必要があるのだ。しかし、そこで日本のコンピューターを売りつけるということは絶対しない。

ブータンにやってきたボランティアのうち、ティンプーで働いているのは半数以下で、ほとんどは地方の町や村で、不便な生活を強いられながら活動しているのだそうだ。派遣期間は二年間だけなので、慣れた頃には日本に帰ることになるという。

矢部さんはブータンの行く末も心配していた。第四代国王がいかに優秀な人だったかとか、ブータン人は、自国がネパールのようにならないようにどれほど気を付けているか、ネパールの現状はどうかなども説明してくれた。無知だった私にとってはすべてが勉強で、もっとよくブータンやネパールのことを勉強しなければと反省させられた。


隣国ネパールは、ブータンよりも五十年も前に最初の総選挙が行われたにもかかわらず、その翌年には国王が内閣と議会を解散させ、国王親政に逆戻りしほとんど独裁政治になり、それが三十年も続いた。一九九〇年代になって王制打倒の声が高く叫ばれるようになった。そんな中で、王は議会制民主主義の実現を約束し、新憲法が発布され、総選挙が行われた。しかし、勝利した反政府団体の中の派閥争いが表面化し、二〇〇一年には王族十名が王宮内で殺害されるという惨事にまでなってしまったのだ。

ただちに王の弟が即位し、事態を収拾し直接統治を始めようとしたが、それもならず、総選挙をしたものの、その後も王制派、ネパール会議派、マオイストの三つのグループが鎬《しのぎ》を削っていて、国民の生活は全然良くならないという現状なのである。

ブータンはそんなネパールの二の舞を踏むまいと、非常な注意を払って統治をしていると矢部さんは感心する。

矢部さんは、二〇〇九年六月でブータン事務所長の任期を終えられ、現在は東京の本部に勤務されている。

ティンプーの町はあちこちが工事中だった。ティンプーの道路には信号がない。以前に一度付けたことがあったらしいが、景観上好ましくないとのことで取り外したという。これからも付けるかどうかはわからないという。

新しい建物が次々建てられている。第五代国王の戴冠式に備えてというが、「戴冠式はいつ？」と聞いても誰もわからない。工事が全部終わって、町がきれいに生まれ変わったところで戴冠式をするらしい。そうでないと、世界中からの客がさばききれないからだという。でも工事はなかなか終わりそうにはない。世界中から客を呼ぶなどという大掛かりなことはしないで、内輪だけでやるらしいという話もある。

（戴冠式は二〇〇八年六月六日に無事挙行された。戴冠式は国民と共に祝いたいという新国王の希望もあり、巷の憶測通り外国からの招待客を二百人と最小限にし、世界の王室・皇室はどこも招待しなかった。日本からの招待客は、堂道大使夫妻、ＪＩＣＡの矢部さん、元世界銀行副総裁の西水さん、テレビスタッフ二人、の合計六人だったという）

午前中は民族伝統博物館を見学する予定だったが、十時半にならないと開かないというので、真向かいにあるアートスクール（伝統芸術学校）を訪問した。

ここでは、家が貧しいために学校に行けない十五歳からの子供たちが、社会に出るための訓練を五、六年間受けている。十三種類のアート手工品を学ぶ。木彫り、金彫り、粘土をこねて作るいろいろな飾り物、刺繍、衣装、靴作り、絵を描く作業、デザイン、等々が教科だ。

最後に入った部屋がブータンの民族人形を作る部屋だった。

そこで、一生懸命アイロンかけをしていた日本人に会った。ＪＩＣＡからシニアボランティアとして派遣されている鈴木宏幸さんだ。部屋の隅のテーブルの上に民族衣装を着けた人形が十五個ぐらい並んでいる。「写真をとってもいいですか？」と聞いたら、「どうぞ」ということで会話が始まった。

鈴木さんはブータンは一年目。長くて二年しかいられないので、あと一年でどれだけできるか不安なのだという。ブータンには仏教に関する絵や人形等の伝統は発達しているが、民族人形を作る伝統は全くない。鈴木さんの前任者がこうしたことを始めたが、まだブータン人に技術が身についていないのだと先行きが不安のようだ。

鈴木さんたちが
作った民族人形

伝統芸術学校で学
ぶ学生たち

二〇〇八年の六月から七月にかけて、アメリカのスミソニアン博物館で開催される民族祭りにブータンは初めて参加することになった。ブータン伝統の仮面ダンス用の仮面はもちろん、民族人形も送ってくれという要請があったそうだ。しかし伝統的な民族人形がないので、JICAのメンバーがサンプルとして作った民族人形を送ることにしたのだという。

鈴木さんの観察によると、ブータン人は非常に現実的で、そんな民族人形を作っても観光客が買ってくれるかどうか確信がないので、それを見きわめてから、これからも続けるか決めるのだそうだ。

人形の衣装については、ブータンにはいろいろな伝統的な織物があるから困ることはないが、ボディを作る材料がないのが苦労の種だという。日本から持ってきた粘土は非常に軽いが、ブータンでとれる粘土は固くて重い。鈴木さんたちは干し草を細かく切ってインドから輸入した糊を混ぜて固め、人間の形にして、その上にうすい紙を張ってみた。まあ人形らしくはなるが、日本の粘土で作ったものよりも重い。

そんなことがあるからか、ブータンの若者たちもあまり熱心ではない。自分たちの努力が無駄になるのではないかと、鈴木さんは落胆していた。

十時半になったので、民族伝統博物館に行く。伝統的な農家を利用して、庭も昔のまま、木や野菜などもそっくりそのまま再現しようとしているらしいが、まだ工事中で、外観と家の中の展示だけしか見られなかった。

ブータンは大家族制で、何世代もの家族が一緒に住むために、家はかなり大きく作ってある。博物館の中に展示されている家はもちろん木造だが、その床に使ってある木の幅が非常に広い。昔作られたという階段などは、幅一メートルもの木をそのままくり抜いたものなのだ。階段がこんなに急では、年寄りには上るのが難しいのではないかと思うのだが、慣れているのでほとんど問題はないそうだ。

トイレは家の外にある。家の中にあるトイレは、大きな仏壇の隣の部屋にあって、仏教のお祭り等の催しものに招待する賓客のためのもので、家族は使わない。年寄りになればトイレが近くなるのであるが、どうしていたのだろうか。ガイドに聞いてみたら、全然そんな問題はなかったという。私の想像では多分当時の平均寿命は低かったので、今のような年寄りはいなかったのかもしれない。ちなみに、世界銀行の調査によると、一九六〇年の平均寿命は三十八歳、二〇〇八年は六十六歳である。

犬がよく吠えるのは……

ブータンに来てから、犬がうろうろしているのが目についた。飼い主がいない犬だ。でも犬は人間に一番近い動物で、人間に生まれそこなった動物の中では、一番高い地位にいる。だからブータン人は犬を大切にする。たとえ迷い犬でも餌を与え、決していじめたりしない。殺したりするのはもってのほかだ。自分も次は犬に生まれてくるかもしれないではないか。

パロやロベサは本当に静かだったが、ティンプーのホテルは、丘の上の方にあるせいか町のざわめきと犬の吠える声がよく聞こえる。特にティンプーには野良犬が特に多い。そして昼間から吠えている。ジャンベイに聞いてみた。

「実は、野良犬が多くなりすぎてだんだん手に負えなくなっているんです。政府もなんとかしなければと思っているようですが、まだ具体的には何もしていませんね」

さらに私の質問は続く。

「毎晩犬がよく吠えるけど、ブータンの人たちは犬が吠えるのをどう思います？」

「犬についてこんな民話がありますよ」と言って、次のような話をしてくれた。

昔ある所に、三人家族が暮らしていた。ある日、妻が夫に言った。毎晩犬が吠えてうるさくて眠れないから、その犬をどこかで売って食べ物と交換してきてちょうだいと。そこで夫は、息子と二人で犬を連れて家を出て行った。

夜になっても夫と息子は帰ってこなかったが、妻は、犬がいなくなったので今夜はよく眠れるだろうと安心していた。すると、戸をたたく音がする。戸を開けると、きれいな女の人が立っていた。困っている様子だったので家の中に入れて、食事も食べさせ、泊めてあげることにした。そろそろ寝ようとした時、気がついた。その女は家に来た時とは様子が変わっていたのだ。夜が更けるにつれて、夜叉の顔になっていく。妻は、火を絶やさないよう、薪をどんどん足しながら夜の明けるのを待った。だんだん外が明るくなってくるのに気づいた夜叉が言った。「真っ暗になったらお前を食べようと思っていたのに、夜が明けてしまった。今夜、もう一度来るから食事を作って待っておれ」

そう言ってどこかに消えてしまった。

妻は、今までこんなことがなかったのは、犬が吠えてくれていたから夜叉が近づけなかったのだと気づいたが、もう遅かった。

次の夜、妻は戸口に石をたくさん積み上げて夜叉が入れないようにした。夜になり言葉通り夜叉が現れたが、戸口の石が邪魔で中に入れない。夜叉は一つ一つ石をどけはじめた。家の中で妻がふるえながら夜の明けるのを待っていた。そして、夜叉が全部の石をどける前に夜が明けてしまった。夜叉はますます怒り、「今夜こそお前を食べてしまうから待っていろ」と言い残して消えてしまった。

夫と息子が犬を連れて帰って来た。犬は売れなかったと夫は妻に詫びたが、妻は、「よかった、よかった。犬を連れ帰ってきてくれてよかった」と言い、昨夜までのことを話した。夫はその夜、部屋の隅で弓を持ち、息子はナイフを持ってもう一つの部屋の隅に座って、夜叉の現れるのを待った。

その夜、夜叉が現れ、妻に襲いかかろうとした時、夫は弓で夜叉の胸を射ぬき、息子は後ろからナイフで夜叉の背中を刺した。夜叉は死んだ。それから妻は、犬が吠えても決して文句を言わなかった。

昼間はやさしく、決して吠えたりしない野良犬も、夜になると一斉に吼え猛る。きっと夜叉番を買ってでているのだろう。

美人で聡明なビジネスウーマン

町のレストランでエトメト旅行会社のユサと一緒に昼食をした。ユサは若くて美人。アメリカのイリノイ大学で学び、卒業後はバークレー大学でビジネスマネジメントの修士号を取った、てきぱきしたビジネスウーマンである。

エトメト旅行会社は、五つ、六つある旅行社の中で、私の問い合わせにきちんと答えてくれた二つの会社の一つで、対応も早かったし、私の要望も快く受け入れてくれたので、お願いすることになったのだ。多分、彼女が責任を持って取りはからってくれていたのだろう。

エトメトは彼女のお母さんが始めた旅行会社で、ユサは一年前にアメリカから帰ってきて、お母さんの手伝いをしているのだというが、会社を継ぐ気はないそうだ。もしかしたら、何かもっと大きなことを考えているのかも知れない。

ブータンでは、教養のある女性の地位がずいぶん高いようで、これからのブータンは女性がひっぱっていくのかもしれない。

ユサは仏教徒だが、仏教のしきたりにすべて従っているわけではないと言う。必要な時に仏陀の言葉に耳をかたむけ、考えればいいという主義らしい。だから、他人の信仰について口をはさむこともしない。

食べ物の話になった。

私はブータンの赤飯とバター・ティが大好きになってしまった。赤飯は、米そのものが赤い色をしていて、お祭りやお祝い事がある時に食べる。バター・ティは紅茶にバターと塩を混ぜた飲み物で、最初は飲めるのかと思ったが、なれるとだんだんおいしくなり、帰る頃には、ホテルで、バター・ティを注文するようになった。是非、おみやげに買っていきたいと言ったら、ユサはレストランの隣のマーケットに寄って、おみやげにとブータン・ティと赤米を買ってくれた。

軍隊とその家族のピクニック

次の日はすばらしい快晴だった。山の方から晴れてきた。朝九時にジャンベイが迎えに来て、デチェンチョリン宮に行くと告げた。

デチェンチョリン宮は、ティンプーの中心地から七キロメートルの所にあり、第三代国王によって一九五三年に建てられた。第四代国王はそこで生まれ、結婚後はサムテリン宮に移られたが、母君は今でも住んでおられる。

建物の一部は、今でも外国、特にインドからの派遣員を接待したり、ブータン政府の高官たちをもてなすための晩餐会などにも使われている。私たち観光客は、近づくことはできても中に入ることは許されない。遠くの方から写真を撮るだけなのだ。

そこからまた長い距離を山の奥の方に走ったが、走る道々すべて軍の所有地だそうだ。

ブータンの軍隊は、ブータンがイギリスの保護国になってからは、王の警護にあたっていた。しかし、中国がチベットに侵入してきたことがきっかけで、今度は自分たちの番かもしれないと恐れ、それまで、最初はイギリス、インドの独立後はインドに防衛を頼っていたのを、自国の軍隊を持つようになったのだ。

軍事訓練はすべてインドで行われる。正式に訓練を受けた兵士は一九六八年には四八五〇人になり、一九九〇年には六千人までになった。現在は、インドで訓練を受けた兵士、インドに行かないで国内で初歩的な訓練を受けた国民兵、警官、森林保護士などを合わせれば八千人になるという。

しかし、最近は中国からの侵略の危険性が薄らいだとみて、軍隊も縮小傾向にあるとジャンベイは言った。


舗装道路の最後というところで車から降ろされた。その辺をあちこち見て回ることにした。その日は日曜日だった。屋根を修理している男の人もいれば、川で洗濯している女の人もいる。川は底が見えるほど澄んでいる。赤い衣を着た若い僧侶が何人も荷物を背負って山の方に歩いていく。私も後をついて、澄みきった川にかかった橋を渡った。

腰を下ろして休んでいると、二十歳前後の僧侶が私の隣りに座った。英会話の練習でもしたかったのだろうか。何か言いかけたのだが、後から来た二人の僧侶に止まらないようにうながされた。そこで休んではいけないと言われているようだった。彼はすぐ立ち上がって、二人の後を追って行った。

ジャンベイによれば、近くに僧侶になるためのカレッジがあるそうだ。そこで七年から九年間仏教の勉強をする。そこを卒業したら、さらにその山の向こう側にある修道院（といっても一人用の小さな小屋だが）、ここでたった一人で三年間の瞑想をすると、やっと一人前のグルとして認められ、全国に指導者として派遣されるのだそうだ。三年間の衣食住は、すべて近所の人たちの施しに頼り、町に出て買い物をすることは絶対にできない。そして僧侶になると決めたら、一生結婚はできないのだ。しかし、死んだ後は天国に行けるのはほぼ保証されているという交換条件がある。

若い僧侶たちが山の方に消えると、あたりに犬がたくさんいるのに気づいた。この可愛い犬たちも飼い主のいない野良犬である。けれどもやはり人間に生まれそこねた前世の人間なのだ。だから大切に扱われている。

にぎやかな人声がする。川岸に十人ぐらいの人が集まっている。子供たちもキャーキャー言って走り廻っている。ピクニックなのか、宗教的な集まりなのかわからないので、しばらく遠くの方から眺めていると、私の存在に気づいたようだった。

「ハロー」というつもりで手をあげると、向こうも手をあげたので、私は彼らのところに行くことにした。

「ピクニックですか？　それとも何か宗教的な儀式ですか？」と聞くと、男の人が、「あなたは？」と尋ねる。「アメリカから来た観光客です」と言ったら安心したのか、「家族のピクニックです。今料理しているところなんですよ」と皆に私を紹介してくれた。軍人の家族だそうだ。大きなかまどに大きな鍋、食べ物の量もすごい。すでに切ってある野菜や肉を中に入れてカレーを作っている最中だった。

子供たちの写真を撮りたいと言うと、皆一列に並んで写真におさまった。写真を送る約束を

軍人の家族が川原でカレーを作っていた

みんなで記念撮影

したが、アメリカから写真を送って無事届くかどうか心配だと言われた。郵便はすべてインドを通してくるので、ブータン側は大丈夫でもインド側はあまり信用できないという。(最近は航空便はバンコクより直接ブータンに到着するようになったが、この時点では、彼らも私も知らなかった)

帰り道、再びデチェンチョリン宮の近くの森を通過した。行く時には気が付かなかったが、森のはずれの木がまばらになっている所に、それもあまり立派でない人家が道にそって並んでいるのに気付いた。きちんと並んで建っているわけではない。ばらばらとまるで何かの理由でそこに逃げて来て、着いた順に適当な所に、適当に掘建て小屋を建てて、そのまま居着いてしまったというような観がある。今まで見なかった光景なので、ミニバンを止めてもらって写真を撮った。

「この人達は?」

「勝手にここに居着いた人たちなんですよ。ここは軍の土地だから、本当はここにいちゃいけないんですけどね」とジャンベイは説明する。

「でも、ずっと昔から住んでるんでしょう?」

「そんなことは関係ありませんよ。何しろここは軍のものなんだから、立ち退くべきでしょうね」

ちょっと怒っているような口調だった。

タシチョ・ゾン（ティンプー・ゾン）

山を下りタシチョ・ゾンを訪れる。日曜日の午後一時という時間帯のせいか、監視員はたくさんいるのだが、観光客らしき人は誰もいない。観光客はどこかで皆ランチを食べているのだろうか。私一人だけが、ランチをおあづけか。もちろん、私にとって不満はなかったが、ちょっと不気味な気持がしないでもなかった。こんな大きなゾンの中に私一人の訪問客。

このゾンは最初から防衛のために作られたのではないという。最初に作られた建物は、近くにあった修道院を見張るためのものだったらしい。それが一二一六年のことで、それから宗派争いがひどくなり、ついに一六三〇年代に国を統一することに成功したシャブドウン・ンガワン・ナムゲルの所有物となり、タシチョ・ゾンと名付けられた。意味は「幸運な宗教の要塞」。そこはシャブドウンと国の僧侶たちの夏の寮となり、冬はプナカに住んだ。

一七七二年に火災に遭い、再建築された時に位置をもっと谷深くに移されたが、再び一八六九年に火災があり、翌年再建された。その時再建にあたったのが、ジグメ・ナムゲル、つまりブータン第一代国王の父親にあたる人だったのだ。

一八九七年には地震で壊され、一九〇七年に再建された。第三代国王の時代にティンプーが首都と決められ、一九六二年から徐々に増築され、そこで政治が行われた。一九六九年に完成したが、その後も増築、拡張され、今のような立派なゾンができあがったという。

このゾンはブータンで一番大きいゾンで、王室も、宗教儀式を行う時はここに来る。王室の入口は一般民衆とは別だが、入口の装飾は全く同じである。ゾンの中でも王家が入る建物には私たちは入ることができない。

ブータン国のシンボル動物、ターキン

私はまた一人で遅いランチを食べ、それからブータンの動物といわれているターキンの保護地区に行く。

ターキンには四種類あるそうである。一見、山羊のような、アンテロープのような、羊のような、ジャコウウシのような動物で、蜂に刺されたヘラジカとか言われるのは言い得て妙。毛皮は薄い茶色でお腹のあたりは黒色になっている。大抵、六千メートル以上の高地に住んでいて、今は絶滅寸前なので、保護動物になっている。ブータン国のシンボル動物でもある。

「言い伝え」の好きなブータン人は、ターキンにまつわる次のような話が好きだ。

ブータン人が尊敬してやまないドュクパ・クンレという聖人が十五世紀にチベットからやっ

タシチョ・ゾン

ブータンのシンボル動物、ターキン

てきた。彼の魔力を一目見たいと大勢の信者が集まってきた。「何か魔力を見せて下さい」と信者が乞うと、「それならば、ランチに牛と山羊を丸ごと食べたいから持って来い」と言った。

聖人は信者が持ってきた牛と山羊を二匹ともぺろりと食べ、その後で、骨だけになった牛の頭を、やはり骨だけになっている山羊の頭にくっつけたのだそうだ。そして彼が命令すると、その不思議な生き物はむっくり起き上がり、野原の草を食べ始めた。それがターキンなのだ。だからブータン人は、ターキンはブータンの動物で、ブータンにしかいないと信じているのである。

動物に関することといえば、旅行中、至る所に、山の中で動物や鳥と一緒に老人が描かれている絵があったのに気がついた。テーマはいつも同じで、木の下に象がいて、象の上に猿、その上に兎、その上に鳥が描いてある。そして鳥が木の実を取っている。それは一体何を意味するのかジャンベイに聞いてみた。

「それは、自然の中で、他の動物達とも協力しながら、長寿を願っている絵なんですよ」

「ブータン人も長生きしたいのね？」

「それは人間の欲望でしょう？　ブータン人はこの絵を描いて、見て、心の中でだまって長寿を祈るんです。ブータン人以外の人たちは、長生きしたいということを声に出して言う。でも思いは同じだと思いますよ」

なるほど。

ティンプーの街でショッピング

ティンプーに戻ってショッピングをすることにした。まず洋服屋。ブータンの女性が誰でも着ている民族衣装。私もひとそろい買って、アメリカに帰ってから、その民族衣装を着て、皆を驚かせてみたいという茶目気が働いた。

洋服屋といってもたくさん数があるわけではない。町の中心地には一軒しか見あたらなかった。それもそのはず、ブータンにはファッションなどは存在しないのだから、数多くの洋服屋など必要ないわけだ。私が入った店は中はかなり広く、従業員も五、六人いるようだった。

「民族衣装を作りたいんですけど、適当な生地を見せて下さい」

腕にいっぱいの生地を持ち出してきて私の目の前にひろげた。みんなすばらしいの一言につきる。次々に見せられる生地は民族衣装のスカートに当たる部分で、私が金持ちの旅行者と思ったのだろうか、次々と披露する生地はすべて絹の布地に刺繍が一面にほどこしてあるものだった。

「生地だけというのは最近はありませんね。もう誰も自分でなんて縫いませんからね。既製品の方が安いですよ。これは違いますけどね」

店員さんが手にとって見せてくれた生地はもうすでにでき上がっているスカートなのだ。

「値段は？」とおそるおそる聞いてみた。そしたら何とすべて千ドル（八万五千円）以上。

「そんなに高いの買えません。もっと安いのないですか？　普段着になるようなのでいいんですけど」

私の顔を不思議そうにじっと見て言った。

「せっかく買うんだから、良いのを買った方がいいのに……」

そんなことを言われても、記念に買うのに千ドルも出すなんて考えられない。もっと安いのをと言うと、また腕一杯の生地を持ってきて目の前に広げた。

「これは化織ですね。綿のはないんですか？」

「綿ですか？　ありますよ。でもお客さん安いのって言ったでしょう。安いのは皆インドからくるんです。綿や絹はブータンの手織りですからね、高くなるんです」

ちょっと意外だった。インド製といえば輸入品だから、国産品より高くなると常識的に考えていたのだが、ブータンでは全く反対なのだ。結局まあまあの値段の化織のスカートを買った。その後は、それに合うブラウス。これもまた安いのは化織のインド製。私はなるべく明るい色をと、ピンクを選んだ。

「駄目、駄目。お客さんにはそんな色全然合いませんよ。これが良いですよ、スカートの色にも合うし……」

そう言って出してきたのは、グレイのブラウス。私はピンクにした。

ブラウスの上に着る上着も買わなくてはならない。これも高いのはきりがない。絹のブータン製もあったが、私は、ピンクに合うえんじ色の中国製の化繊の上着を買った。

何か店の笑い者になったような感じだったが、これでブータンの民族衣装一そろいが手に入った。合計二百ドル（一万八千円）なり。悪くないじゃないか。


本屋に入った。ブータンに関する本をと思ったのだが、意外と難しかった。まず本の専門店がない。文房具屋の隅の方に本が数冊並べてあるという具合なのだ。そしてすべて高い。というのは、そこで売られている本は皆外国で出版された本だからだ。

そこで一冊だけ買った。著者がブータン人で、英語で書かれている『ダワ——ある迷い犬の話』という本だ。出版社はインドである。

月という意味の迷い犬「ダワ」は、声が良いので、吠える時のリーダーになる。ある時、賢い老犬に会い、「成功してリーダーになった者の人生は、一生リーダーとして終わるか、リーダーの座を下りた時には失敗者となり、皆から見下げられ馬鹿にされ、惨めな最後になる」と教えられる。

同じ頃にダワは自分が疥癬病にかかっていることに気づき、それを理由にリーダーの座を引き、病気を直すための旅に出、あちこち旅をしてやっと病気は直る。しかし、それまでの友達、知人はもう皆いなくなっていて、自分一人になっていることに気付く。ダワは、ティンプー近くの、ティンプーの町が一眼下にみえる高い岩山を見つけ、そこでティンプーを見ながら余生をすごすという話。

明日はいよいよブータンを離れる。

夜、どういうわけかお腹がしくしく痛み、一晩中トイレに通った。悪いものを食べたとも思えない。普通と同じように食べていたのだから。

よく眠れないまま朝を迎えた。朝九時の出発に遅れることはできないから一応出発の用意はしたが、しんどかった。身体がぐったりし、どうしていいかわからなかった。いままでの旅の疲れがどっと出てきたのかもしれない。

▼川霧に消え行く僧の背に未来

国境の町、プンツォリン

きっちり九時にジャンベイと車が迎えに来た。ティンプーから車でインドとの国境の町プンツォリンまで行くのだ。

ブータンには鉄道は走っていない。インドのデリーまで鉄道で行きたいと思っていたので、一番近い駅があるインドのシリグリという町まで車を走らせなければならない。アメリカ行きの飛行機はデリーから出る。

プンツォリンまでの道のりの長かったこと。距離にしてみれば百二十キロしかないのだが、ほとんど山道で、いくつも峠を越さなければならない。左も右も断崖絶壁だ。この道ができる前は、一体どうやってティンプーまで物を運んだのだろうか。

どこもかしこも工事中で、通行止めのところもあり、何時間かかるかわからないと言われた。がたがたでくねくね曲がった道を車は進んでいったが、私はほとんど眠っていた。いくら目をあけようとしても、前の晩のこともあり、うとうとしてしまう。それも坐ったままで。

川沿いの道を走っていた。その川はいくらのぞいても見えないほど深い谷の底を流れていた。

「着きましたよ」

インドとの国境の町、プンツォリンのドゥク・ホテルに着いたのだ。


このホテルのすぐ近くに、きれいに絵が描かれてあるブータン風の門があった。そこがインドとブータンの国境だ。門の向こう側ではインドの法律が、こちら側はブータンの法律が適用される。門の向こう側にはインド人が、道路上でもどこでも物を売っているのだが、門のこちら側は路上に店を広げてはいけないという決まりがある。

ブータンで見られる品々はほとんどインド製だから、インド側で買うほうがずっと安い。みんな門をくぐってインド側に行って買い物をする。そのかわり、ブータン側には、外国製の品々がある。それはインドにはないか、あっても高価なので、インド人は門をくぐってブータン側で外国製品を買う。ブータン側は道路を歩く人の数は少ないが、洋服などもこぎれいだし、みなブータンの民族衣装を着ている。プンツォリンは実に面白い町だ。

日本人らしいカップルを見かけたが、その時には話しかけなかった。長い間、日本語を話していなかったので自信がなかった。でもディナーの時にも会ったので思い切って話しかけてみた。二人は、八人のグループ旅行者の中のカップルで、ブータンの後、ダージリンを回って日本に帰るのだそうだ。

お腹の具合はもう良くなっていた。昨日一日、何も食べなかったのがよかったのかもしれない。前の晩は、荷造りをする元気もなく早く寝てしまった。よく寝たせいか、朝六時頃には目がパッチリ開いた。それから荷造りをした。

着いてすぐ、インド側で買ったビニールの袋が役に立った。荷物を二つにまとめ、あとは手荷物とカメラバッグだけにした。お腹が空いたので、トーストと卵とコーヒーで朝食をとった。そこへジャンベイが来て、もうすでに出国手続きをしたと言った。これでインドへ行く準備ができた。

「急いで下さい。あの日本人のグループが来る前に出た方がいいですよ。税関であの人たちはきっと時間を取られるから」

ジャンベイとキンレイにここで別れを告げ、ブータンを後にした。最後の最後まで、この二人には面倒をかけた。短かったが、私にとっては本当に贅沢な旅だった。

▼春風は国境門のあちらにも

◉もっと知りたいブータン

スミソニアン博物館での民族祭り

二〇〇八年三月にブータンを訪れたばかりなのに、十月に再び訪れることになった。それは、スミソニアンの民族祭りを見たからかもしれない。

六月二十五日から七月五日まで開かれたワシントン、スミソニアン博物館での民族祭りは、ブータン政府と観光協会が共同して後押ししていたので非常に熱が入っていた。ブータンから帰ったばかりの私でも、新しく学ぶことが多く、五日間も通ってしまった。それまでのスミソニアンの民族祭りにも毎年行っていたが、これほど面白く、翌日も行こうと思わせるほどのものはなかった。

ブータンの歌や踊りも毎日やっていた。ほとんどが、三月にブータンを訪れた時には見ることができなかったものだ。ツェチュというお祭りに踊られるものだったからなのだ。ツェチュの祭りは、大体パロは三月、ティンプーは十月と決まっているが、はっきりした日にちは毎年ブータンカレンダーによって、一番良い日が選ばれ決められる。私がブータンを訪れたのが三月初めだったので、そのお祭りにはちょっと早すぎたのだ。

スミソニアンで行われた歌と踊りは盛大なものだった。これを本当のお祭りの中で見たい。

それも、今年のうちに見たい。今年中ならなんとかブータンまで行けるだけの健康は保てるだろう。そう思ったので、さっそくエトメト旅行会社にメールを出した。

すぐに返事が返ってきた。すでに十月のツェチュ祭りは満員で、ティンプーに空いているホテルは一軒もないので、翌年三月のツェチュ祭りに参加するのはどうかという。三月ならば今から申し込めばホテルがとれるというのだ。

しかし、私は十月に行きたかった。というのは、ブータンに行くにはカトマンドウを通る。カトマンドウを通るなら、前回の旅では季節はずれで見られなかったエベレストやヒマラヤの山々が見たい。そのためにはどうしても十月でなければならないのだ。

スミソニアンの民族祭りにブータンが熱を入れていた理由の一つには、選挙後、立憲議会制民主主義国になり、観光事業に力を入れようという国の方針があったのだ。だから、将来観光業に携わりたいとか、新しい観光会社を作ろうという若者たちもたくさん来ていた。エトメト旅行会社に断られた私が、どうしても十月にブータンに行きたいという話をしたのがそういう人たちだった。

新しい観光会社の名前は、トラゴパンと言った。

「もうホテルがないそうですね」

「そんなことはないですよ。僕らの会社でさがしてあげます。すぐブータンに来てください」

最初は半信半疑だったが、すごい自信を持って毎日説得するので、この若者を信じようと思い、十月のブータン訪問を実行に移した。

ツェチュ祭りを求めて再びブータンへ

せっかくブータンに行くチャンスだ。また私一人では惜しいではないか。そこで、できる限りの人たちを誘った。しかし行きたいという人がいない。ブータンは遠すぎると言うのだ。また一人で行くしかないのかなと思っていたら、フロリダに住むマイケルが行くと言ってきた。

マイケルとは、以前にブラジルのツアーで一緒になったことがある。それから、私がたまたまバンコックの友人を訪問していた時、別のツアーでタイに来ていた彼と偶然会い、バンコックで一日一緒に過ごしたこともある。

そのマイケルと二人だけのツアーになった。マイケルは七十五歳。大丈夫かなという不安が横切る。そういう私だって六十九歳なのだが……。

スミソニアンの民族祭りが終わると、参加したブータン人は、トラゴパン旅行会社も含めて国に帰ってしまった。私たちの旅行計画については、かなり頻繁なやりとりだったにもかかわらず、メールはきちんと返ってくる。信用できると感じた。時に、連絡が来なくなったりして、やっぱり駄目かと思わせられる時も二、三回はあったが、結局全部の手続きが無事終わり、九月二十六日出発とあいなった。

ブータンでのホテルは確保できたが、そこまでの切符は自分で手配しなければならない。十月はシーズンときている。特にブータン、ネパール行きが混んでいる。ブータン、ネパールは十月が一年中で一番好い季節だからなのだ。それに、特にブータン行きではティンプーのツェチュ祭りに合わせて計画を立てているようで、なかなか空いている飛行機が見つからなかった。それもそのはず、ブータンには飛行機は二機しかないし、飛行場もたった一つしかないのだ。

結局、バージン航空でロンドンまで、そこからゴルフ・エアで中東のバーレーンに、そこからネパールのカトマンドウへ飛ぶ。カトマンドウからは前回同様、ブータン国営航空（ドゥルック・エア）でブータンのパロまで。全行程は二日がかりの長旅になってしまった。マイケルはフロリダから飛ぶので、さらにもう一日かかるということになる。

ブータンは、アメリカからも、日本からも遠い。ヨーロッパからも遠い。世界のどの国からも遠いように感じる。でも、カトマンドウからドゥルック・エアに乗ったとたんに、それまでの大変さがいっぺんに消えてしまった。

真っ白に化粧したヒマラヤの山々がくっきりと見える。機内には、前回と同じ音楽が流れてきた。

「いい音楽ですね」

「どうもありがとう。ボクが吹いているんですよ」

前と同じスチュワードなんだろうか。

「どこでその音楽を買うことができるんでしょうか」

前の時も、ＣＤがあれば欲しかったのだが、手に入れることができなかった。

「そうですねえ。またこの飛行機に乗るんですね。同じ音楽が聞けますよ」

そんなにたびたび乗れるものではないのに？


パロの空港に着くとすぐ、私たち観光客は写真をパチパチ撮り出した。マイケルも、着くとすぐ撮り始めた。彼は今回の旅のためにムーヴィカメラを買ってきていた。

パロの税関は難なく通過することができた。外に出ると、私たちの名前を書いた紙を持った若い男性が待っていた。今回のガイドのようだ。

「ボクの名前はツェトラムです」

こうして第二回目のブータン観光が始まった。

▼秋深しブータン再び我招く

パロの空港

旅の相棒は歯医者、ガイドは政府のお役人

朝十時半にパロの空港に着いて、ホテルでランチを食べると観光が始まる。この前来た時は、私一人だったから、自分さえ良ければそれですべて良かったが、今度はマイケルという相棒がいるのだから、何となく気になる。

そんな私の心配をよそに、マイケルは元気一杯だ。着いてすぐ観光に出かけるのは何でもないらしい。

マイケルは歯医者だが、とっくの昔にリタイアしていた。趣味は、旅行の前までは、ペンシルバニア大学のフットボールを応援することだけだったらしい。奥さんが旅行嫌いな人で、結局、どこにも行ったことがなかったらしい。奥さんが七年前になくなったので、それ以後は、機会あるごとに旅に出ているという。今まで訪れた国は六十ヵ国以上。これからもできる限りたくさんの国を訪れたいという。

今回私の誘いにのったのは、ブータンのような遠い国は、年を取ったら行かれないかもしれないので、健康なうちに訪れておいた方がいいと判断したからだという。そして、この旅行のために毎日運動を欠かさなかったというから、意志強固の人のようだ。

ガイドを務めてくれるツェトラムは、「自分はガイドではない」と言った。彼は就職したての政府の役人で、今回私たちのガイドを務めるために休暇を取っているのだという。

それってどういうこと？　一抹の不安と不満が頭をよぎったが、彼の英語が非常に上手だったことと、私たちに対する態度もよかったので、私たちが知りたいことに答えてくれれば問題ないと、素直に受け入れることにした。

いろいろ質問してわかったことは、半年前に私が来た時とは、ブータンは大きく変わっているということだった。

当時は王国だったブータンは、三月二十五日に初めての選挙をやり、立憲議会制民主主義国になった。国王がすべての権限を持っていた制度から、国会で討議して決めるようになった。決められたことは国王でも反対することができなくなった。国王自身がそうすべきと判断したというのだから、変わっている。いや、実に魅力ある国王ではないか。国民がすべて国王を愛しているというのもわかる。

観光に関しても国の方針が変わった。以前は、観光の重要さは理解しているが、同時に悪影響にも注意するため、一年間に受け入れる観光客数を六千人と決めて、それ以上にはビザを出さなかった。しかし選挙後は、観光客の枠を八千人に増やし、今後もっと増やす方針だという。スミソニアンであのように力をいれたのも、これからの観光業に役立つと計算してのことだという。

ツェトラムの家族もこうした流れにのって職業を変えた。ツェトラムは農家の七人兄弟の末っ子で、ブータンでの教育を終えた後はインドに留学して、勉強を続け、帰国後は政府に入った。これからのブータンの国策にかかわることを希望していたからだ。二、三年政府の役人として働いて、外国に留学して博士号を取り、自分の愛するブータン国の役に立ちたいという。

農業をやっていたツェトラムの四番目のお兄さんが、観光会社を興すことにした。すでに親戚の一人が、パロの空港の近くに高級ホテルを建築中だ。それに、首都のティンプーでは、ツェトラムの叔父に当たる人が、十月に予定されている第五代国王の戴冠式に招待する国賓が泊れるほどのホテルを建築中で、完成間近だという。

このお兄さんが、スミソニアンの民族祭りに合わせて旅行会社を立ち上げたのだ。私たちが顧客第一号というわけだ。まだガイドを雇っていなかったので、役所に勤め始めたばかりのツェトラムが助っ人として登場したというわけなのである。

「勝利の砦」から旅は始まった

昼食後、車で一時間ほど走ると、「ここから先に行けないんです」とツェトラムが言う。私たちは車から降された。

「この先には道はないんです。我々が我々の聖なる山を越えられないように、誰も我々を襲うことができないように道をなくしてしまったんですよ」

一九五九年、中国がチベットを襲って占領した事件は、ブータンの人たちを震え上がらせた。次は自分たちの番かもしれないと恐れて、チベットへの大切な交流の道を立ち入り禁止にし、誰もその道を使えないようにした。ブータンからチベットへは行けないと同時に、チベットからもその道は通れないようにしたのだ。

車から降りて最初に訪れた所がドゥゲ・ゾン。別名ヴィクトリー・フオート（勝利の砦）と呼ばれている。観光の出発点が「ブータン勝利の砦」から始まったのは意義あることだったかもしれない。ブータンの建国を考える機会を与えられたからだ。

「勝利の砦」は、チベットから始まりブータンで信者を増やしていたドゥク派が、その頃ヒマラヤの山を越えてブータンを襲ってきていた他の宗派との戦いに勝った。その時の勝利を記念してその砦を建てたのだ。一六四七年に建てられたが、残念なことに一六五一年に火災で消失し、それから廃墟のままになっている。

その勝利に大きな貢献をなしたのが、一六一六年にチベットから亡命してきていたシャブドウン・ンガワン・ナムゲルという人物で、当時群雄割拠の状態だったブータンを「ドゥク・ユル（雷龍の国）」と名付けて一つの国として統一した。

その時からブータンという国が誕生した。このシャブドウンが国中を旅し、プナカにプナカ

・ゾンを、ワンデイボダンにワンデイボダン・ゾンを建てた。一六五一年にシャブドウンは亡くなっているが、一六五一年からは実の息子、一六八〇年からは養子が国をおさめていたが、五十四年もの間、シャブドウンの死を隠して、ブータンという国を治められていたのだ。

「勝利の砦」からの眺めはすばらしい。

山と山の間に田園風景が見られる。稲が実って刈り入れ直前の季節だったから、どこもかしこも真っ黄色なのだ。その上、砦を登っている最中に虹が現れた。それも二重の虹が。ということは、近くに池か湖があるのだろうか。そんなものがなくても虹はできるのだろうか。訪れていた観光客は、幸運な光景に歓声をあげた。晴れた日には、七三一三メートルのチョモラリ山も見えるそうだが、その日は見ることができなかった。

ドゥゲ・ゾン見学は、それが廃墟であったからこそよけいに感慨深かった。

続いて、六五九年にソンツェン・ガンポ王によって建てられたというキチュ・ラカンを訪れた。ここには前回訪れた時にも立ち寄ったのだが、第四代国王の母君がお参りしていたので、中には入れなかったところだ。

キチュ・ラカンは、ブムタンのジャンパ・ラカンと並んでブータンで最初に建てられた寺ということもあって、いろいろないわれがある。まず、どうしてこの地にソンツェン・ガンポが

ドゥゲ・ゾンからの眺め

キチュ・ラカン

お寺を建てたかというといわれについて。いかにもブータンらしい話だ。

昔、ブータン、チベット地域には大魔女が君臨していて、仏教の布教を妨げていた。そこで、ソンツェン・ガンポ王は、魔女の身体のツボにあたる百八ヵ所にお寺を建てることによって、魔女の力を封じ込め、仏教を広めることができたというのだ。パロのキチュ・ラカンの場所が、ちょうど魔女の左足のところなのだそうだ。そこにお寺を建てることで、魔女の左足を封じることになるという。


キチュ・ラカンの床は、珊瑚やトルコ石がはめ込まれた豪華なもので、仏像も釈迦の像ばかりでなく、十一面千手観音などもあり、美しく繊細に彫られた仏具などもずらりと並べられてあるそうだ。しかし、なかなか中に入るのが難しい。この前来た時も入れなかった。まず許可が必要なのだ。許可をもらっても、王家の家族がお参りしている時には入れない。いつお参りに来るかも前もって知らされないのだそうだ。特に、第四代国王の母君がキチュ・ラカンが好きで、しょっちゅう訪れるという。

「今日は入れるといいですね。ほら、ここに許可書をもらってきているんだから」

ツェトラムが一枚の紙をかざしながら言った。

しかし、中に入ることはできなかった。今日も第四代国王の母君がお参りしているのだという。中から、五、六人の僧の祈りの声が聞こえてくる。それに合わせて太鼓や笛などの楽器も

マニ車

奏でられている。私たちは、中から聞こえる音楽で満足しなければならなかった。

キチュ・ラカンから六、七メートルも離れていないところに、僧侶たちが寝泊まりするところがあり、その建物と隣り合わせに、大きなマニ車を吊るしているお堂のようなものもある。マニ車は、寺院の中から聞こえてくる音楽に合わせているかのように、チンチンと、物悲しい鈴の音のような音をたてながら廻っている。見ると、三、四人の老人がうずくまっている。マニ車は風がまわしているのではなかった。その老人たちがまわしていたのだ。

外国人の観光客も来るし、王族も多数、それもかなり頻繁に出入りする由緒あるお寺に、みすぼらしい、男か女かも分からないような服装をした老人がうずくまっているのは、ちょっと場違いのような気がする。

「あの人たちは何をしているの？」

「マニ車を廻しながらお祈りをしているんですよ。ブータンでは、マニ車を廻すことはお経をあげることと同じと考えられているんです。それで誰でもマニ車を廻したいんですよ。あの老人たちはもう人生の終わりが近づいているから、ああして自分の力のある限りマニ車を廻して死を待っているんでしょう」

ツェトラムが説明した。

「でも、ここには王様のお母様が時々来られるんですよね。現に今も中におられるのに、この老人たちをそのままにしておくの？」

「もちろんですよ。我々は、これから死のうとしてお祈りをしている人たちの邪魔をしてはいけないんです。たとえ王様でも。ですから、したいようにさせておくんです。大抵数珠をならしたり、マニ車を廻したりするだけですから、誰の迷惑にもなりません。ブータンの年寄りには、マニ車を廻しながら死ぬのが一番幸福と考えている人がたくさんいますよ」

なるほど。ブータンの老人たちは一番幸せな死に方を知っているのかもしれない。

▼廃れ寺二重の虹の守りをり
▼涅槃西風マニ車まわして身をゆだね

「虎のねぐら」タクツァン僧院

観光の第二日目は、「虎のねぐら」と言われているタクツァン僧院へ参ることから始まった。タクツァン僧院の写真はどの観光案内書にも出ている。ここは、ブータンの観光地を代表する場所なのだ。パロの空港から三十分も行くと眼前に見える。断崖絶壁の山の中腹の岩をくりぬいて作られたお寺で、どうしたらあんな所まで行けるのか、とても想像できないような場所にあるのだ。

前回来た時は、お寺が正面に見えるところまでは来られたのだが、

「前日の雨で、道路が通れなくなっているんです。ですから、あの僧院へ登るのはキャンセルになりました」

とガイドに言われて、実は、内心ホッとしたのだった。

しかし、今回は道路が封鎖されるほど雨は降らなかったらしい。「今日は、あそこまでの登山がメインです」と言われてしまった。逃げようがない。

おじけづく私とは正反対に、マイケルは浮き浮きしている。彼は、案内書でこの僧院の写真を見た時から、自分はここに登りたい、絶対に登ってみせる、と自分に言い聞かせてきたのだそうだ。そうか、毎日の運動はそのための準備だったんだ。

その日は、この登山を午後三時半までに終わらせる予定で、その後、ワシントンで知り合いになったドクター・ドルジの奥さんの両親の家で一緒に食事をし、それからドッツォ（岩浴）を経験してホテルに戻ることになっていた。その日は、ミセス・ドルジの実家では何人かの僧を呼んでお祈りをしてもらう特別な日で、私たちもそれを拝見できるという。

日本では、家にお坊さんを呼ぶのは、葬式か命日である。

「どなたか、なくなったんですか？」

「いや、ブータンでは、時々やるんですよ。気が向いた時にね」

何のためのお祈りなのか、この答えではわからなかった。お祭りが近いからなのだろうか。

タクツァン僧院

今回の旅の相棒、
マイケル

しかしお葬式でもないのに、普通の家庭にお坊さんが呼ばれて、一体何をするのか見学のチャンスが与えられて、幸運なことだと、心浮きたった。

ホテルを朝八時半に出たのであるから、時間は充分にあるはずだった。


マイケルは、出発間際になって急にそわそわし始めた。飲みたい薬がないという。去年ペルーに行った時、海抜三千メートルの山に登って高山病にかかったことがあり、その経験から、海抜の高い所に行く時には特に注意を払うようになったそうだ。

ブータンは山岳の中に築かれている国であり、海抜四百メートルから七千メートルまで差がある。パロは二千三百メートル、タクツァン僧院まで五百メートルはあるだろうから、ゆうに三千メートル近くになる。マイケルは急に心配になって薬を飲むことにしたのだが、それが見つからないのだ。どうやら、ネパールに立ち寄った時、置いてきてしまったようなのだ。私もそんな薬は持っていない。結局、薬は飲まずに挑戦することになった。

遠く離れた所から眺めた時は、道なんかないように見えたのだが、近くに行ってみると、広くてゆるやかな道が山の頂上に向かってのびている。

登山口には、馬が五、六頭つながれていた。馬に乗って行くこともできるようだ。私は、股関節置換手術をしていたので、馬に乗ろうかと思ったのだが、六歳も年上のマイケルが平気な顔をしてどんどん歩いて行くのを見て、馬に乗りたいとはどうしても言えなかった。

二十代のツェトラムにすれば、私たちの歩みは耐えられないほど遅いにちがいない。

「貴方が一人だったら何時間で登れる？」

「そうですね、一時間半もあれば登れるでしょうね。降りるのはもっと早いから、二時間もあれば帰って来られるでしょうね」

「ということは、登るのに一時間半、降りるのに三十分？　たった二時間？」

「そうですよ。今日は三時間半の予定ですから、時間は充分なはずですよ」

確かに時間は充分なはずだ。

ツェトラムが二十代で、私たちが七十代でも、そんなに違いはないだろうと安心した。

馬で登山する人たちが列をつくって側を通って行った。うらやましかった。

最初のうちは道の幅も広いし、勾配もそんなに急ではなかった。しかし、登れば登るほど、道幅は狭くなり、険しくなっていった。でも、ツェトラムは決して急がず、休みたい時には一緒になって腰を下ろして休み、私たちの質問に答えた。

この僧院がなぜ「虎のねぐら」と言われるようになったのか。

八世紀頃、仏教を広めるためにチベットのクルテ地方からパドマサンババという僧が、虎の背中に乗って飛んできた。そして、五百メートルほど垂直に切り立った屏風のようなこの絶壁に坐り、三ヵ月もの間瞑想して、当時パロ地方の人々を苦しめていた土着神を平伏させて仏教に改宗させたというのだ。ブータン人はこのパドマサンババ（蓮華から生まれた人という意味）をグル・リンポチェ（至宝の師）と呼んでこよなく敬愛し、熱烈な信仰の対象としている。その熱烈さは、どのお寺に行ってもグル・リンポチェの絵や像が安置され、時には、仏陀をさし置いて中央に大きく存在しているのを見ただけでも分る。

グル・リンポチェがチベットに帰った後でも、その地を聖地として、次から次へと高僧がチベットから訪れている。今でも仏教圏内では指折りの巡礼寺になっているという。

そんな話を聞きながら、私たちは、これが山登りかといわれるほどにゆっくり歩き、そしてよく休んだ。後から来た登山客はどんどん追い越していく。タクツァン僧院へ行くのは観光客ばかりではない。かなりの人数の土地の人も歩いていく。彼らにとっても、僧院は聖地であり、かならず巡礼しなければならない場所なのだ。

途中で、降りてくる馬に出会った。馬は人を乗せて登ることはできるが、人を乗せて降りることはできないのだそうだ。ということは、帰りは自分の足で歩かなければならないということなのだ。

馬で登る人は、一時間半ほど行ったところにあるタクツァン茶屋で降りる。そこは、僧院が目前に見え、息を飲むような絶景のところなのだ。大抵の観光客は、そこでランチを食べて、満足して下山するのだそうだ。

私たちは、マイケルが絶対にタクツァン僧院に登ると決めているので、引き返すわけにはい

馬に乗ってタクツァン僧院まで登る

降りてくる馬に出会う

かない。ツェトラムのリュックの中にはランチが入っている。道路脇に腰掛けて水とサンドイッチのランチをとり、登山を続けた。

そこからは下りだ。せっかくここまで登ってきたのに、何で下るのかと、悔しいと思ったが、どうすることもできない。


タクツァン僧院を目の前に見ながら、かなりの距離を下っていった。谷のかなたの僧院から茶屋の近くまで経文旗がロープでさがっている。五百メートルぐらいはあるだろうか。

こんなに長いロープを、あちらの崖っぷちからこちらの崖っぷちまでどうしてつなぐことができたのだろうか。間は絶壁の谷間なのだ。今の技術でも、ヘリコプターか何かで運ばなければとてもあちら側には持っていけないだろう。ヘリコプターのない時代にどうやって？　と背筋がぞくぞくするようだった。

道が下り切った所に滝があり、その後はまた登りになる。ハーハーしながらやっと僧院に着いた。でも、もう午後の一時。僧院はこれから一時間のお昼休みだという。

マイケルと私は一時間の休みと聞いて喜んだ。本当に疲れきっていたのだ。ここまで来る外国人観光客はあまりいないそうだ。ほとんどの客はタクツァン茶屋でランチを食べて下山する。もしかしたら、ツェトラムは私たちもそうすると思っていたのかもしれない。

木の椅子に腰掛けて眺める景色も息をのむようだ。真ん前にタクツァン茶屋が見えるが、そ

タクツァン僧院

の間は下が見えないほどの深い谷間なのだ。

谷間の向こうには、黄色い少しばかりの平地があちこちに見えるが、そのほかは山また山。虎にまたがってとんできて、山のどこかの崖っぷちに座って三ヵ月も瞑想し、悪霊を追い払ったというパドマサンババ、つまりグル・リンポチェはどの辺に座って瞑想したのだろうかと想像してみた。どうしてこんなに危険きわまりない所を選んだのかと不思議に思えた。

私たちが休んでいる椅子には、土地の人たちは遠慮したのか、ほとんど近寄ってこなかったが、犬だけは寄ってきた。こんなところにまで犬はいる。犬はどこにいても大切にされているらしい。


一時間の休憩はあっという間だった。「昼休みは終わりました」のサインが出ると、それまで待っていた登山者（ほとんど土地の人たちだったが）は、こぞって僧院の中に入っていった。僧院そのものはそんなに大きくない。急な岩壁のちょっとした平らな所には、ブータン仏教の布教に貢献した人達の像や、宝物などを保管する小さな部屋が造られている。一番大きな部屋は礼拝堂。その部屋を訪れる者は皆お祈りをする。

マイケルは仏教徒ではないから、手を合わせてお祈りはしないが、お賽銭をあげて部屋の隅でじっと待っている。私は一応日本人であるから、膝をついて頭を床にぴったり付けるという不自然な姿勢だったけれど、土地の人たちをまねて礼拝をした。いくつもの部屋を廻るのに一時間以上はかかっただろうか。ツェトラムは急がせることもなく、辛抱強く私たちに付いて廻った。

やっと帰ることにしたが、下山といっても普通の感覚の下山ではない。下りたり登ったりを五回ほど繰り返してやっと車が待っているところに着いた。ツェトラムは、自分一人だったら三十分で帰って来られると言っていたが、私たちは帰りも二時間ぐらいかかったのではないだろうか。しかし、マイケルは高山病用の薬がなくても登山を無事終えることができた。

▼瞑想は虎の背に乗り秋深し

ドルジ家での夕食

僧院で予定以上の時間をとってしまったので、急いでミセス・ドルジの実家に向かったのだが、着いた時にはお坊さんたちは帰った後だった。残念。

八人のお坊さんが、先祖が祀られている仏壇の前でお祈りをしたのだという。八人も来るなんて、さぞかし大きな行事かと思ったら、村の役員をしているミスター・ドルジは、何かの集まりがあったとかで、家にはいなかったようだ。

私たちが到着すると、すぐ夕食になった。その時にはミスターも家に帰ってきていた。

「どうぞ、どうぞ」と導かれた部屋は控室なのか、まずお酒とおつまみが出された。お酒は、自家製のアラと呼ばれるライスワイン。米と麹だけで簡単に作れるワインで、どこの家でも作っているのだという。おつまみも、お米だけで作ったものが三種類あった。日本のあられのように米を油であげたもの、新米を石臼で一粒一粒平らにつぶしたもの、そして酒粕にちょっと味を付けたもの。これらはすべて白いお米のおつまみだった。

「食事の用意ができました」という知らせで別の部屋に移った。その大きな部屋の片隅にテーブルがあり、その上にごちそうが並べられている。でも、テーブルに座った者は、私たちとミスター・ドルジとツェトラムの四人だけなのだ。

「奥様は？」

「あっちで食べる」

ミスターは実にそっけない。ツェトラムが説明してくれた。

「あなたたちは大切なお客様だから、ここで食べるんですよ。他の家族の者は、台所で食べます。それが普通なんです」

「奥様にちょっと挨拶したいんですけど」と私が言うと、「どうぞ、どうぞ」と言って、私を台所に連れて行った。

台所といってもずいぶん広い。五、六人の人たちが片膝をたてて、コンクリートの床の上にじかにのせた皿の上の食べ物を指先でつまみながら食べていた。

ツェトラムは、一人一人紹介してくれたのだが、結局誰も英語がわからないので、話をすることはできなかった。ツェトラムによれば、この家の奥さんのほかに、妹や、叔母さんや伯父さん、そして近所に住んでいる親戚の者もまじっているらしい。

私たちのための料理を作るために集まったのか、ツェチュの前夜祭のためなのか、よくわからなかったが、皆ニコニコして愛想がよかったことは印象深かった。

食事もおいしく、食べにくいものは一つもなかった。特にお赤飯はめずらしかった。日本のように小豆で赤くするのでなく、米そのものが赤い色をしているのだ。赤い色が珍重されて、お祝い事に炊くのだという。

ブータンの食事で欠かせないのは、唐辛子料理である。唐辛子は、十センチから十五センチぐらいの大きさで、赤くなった唐辛子を屋根の上で乾燥して一年中食べているようだ。

ブータン人は、唐辛子はそのまま油炒めしてチーズをからめて食べるのだが、その辛いこと、辛いこと。とてもたくさんは食べられないのだが、ブータン人にとっては、欠かせない食料品の一つらしい。

マイケルも私も、唐辛子以外はよく食べた。タクツァン僧院に登って疲れていたばかりでなく、お腹もかなり空いていたのだ。何もかもおいしかった。

▼秋祭り豊作米で祝う民

ドッツォ（岩浴）

ドルジ家での食事が終わると、ツェトラムが言った。

「さあ、岩浴の時間ですよ。用意はいいですか？」

マイケルはきょとんとした顔をしている。

岩浴は、ブータンの伝統的な入浴方法なのだ。しかし、準備にすごい労力がいる。まず、大きな桶に水をためる。焚き火で大きな石を焼き、真っ赤に焼けた石を桶の中に入れる。桶の中には区切りがあるので、入浴している人が熱い岩に触れることはない。

三月にブータンの民族博物館を訪れた時、岩浴設備のある農家が展示されていた。しかし、この伝統が一般のブータン人にどのくらい浸透していたのかはわからなかった。岩浴の体験が今回の旅行の中に組み入れられていたとは、予想外の幸運だった。

マイケルは、温泉にも入ったことはないそうで、岩浴の説明をしてもさっぱりわからないと言う。それでも、「こちらです」と案内されると、ちゃんとついて来る。あまり心配はしないことにした。

岩浴の場所は野外だった。庭の中の薮の中にかくすようにして木製の桶は備え付けてあったが、屋根などはない。長方形の風呂のような形をしている。桶の端の方には区切りがついている。かなりの大きさだ。桶の側の焚き火の中に、直径二十センチぐらいの大きな石がごろごろと転がっている。どの石も真っ赤になっている。真っ赤な石を火ばさみでつまんで桶の中に入れる。ジューっという大きな音が真っ暗闇に響く。

真っ赤な石をつかみあげているのは、若い男の人だったが、台所で紹介された人の中にはいなかった。近所に住んでいる親戚の者なのだろうか。

私は、着々と進む準備を見ていたが、マイケルは、何をしているのか理解できないという顔をしている。「どうする? 入る?」と聞くと、「入らない」とはっきり言った。そんなマイケルの言葉が聞こえたのかどうか、

「この風呂の大きさは、ちょうど二人で入れるぐらいの大きさなので便利なんですよ。二人で入って、お互いの背中を洗ってあげればいい。気持がいいですよ」

とミセスが英語で説明した。それまであまり話さなかったので、英語はできないのかと思っていたが、きれいな英語だ。

「洋服はここで脱いで、そして、ここにタオルをおいて入るんですよ」

と言いながら、タオルを私たちに一枚づつ渡してくれた。

風呂桶のすぐ側にテントが二つ張られている。

「この中で洋服を脱ぐために張ったんですよ。わざわざオーストリアから取り寄せたんです。

立派でしょう？　一つは男性、もう一つは女性用」

そこまで説明して、ミセスは、マイケルが入りたくなさそうにしている様子に気がついた。

「大丈夫、大丈夫。今日は山登りして疲れているから、気持がいいですよ」

どうしても入れたい様子だ。

マイケルの困惑は、時間が立つにつれてますます深くなっていった。マイケルの気持もわからないわけではない。温泉とか銭湯などに入った経験がないのだ。それに、野外のお風呂で、ただ知り合いというだけの私と一緒に、二人でやっと入れるぐらいの風呂で背中を流し合うなんて、想像するだけでも逃げ出したいような気持だろう。

「入るかどうか、決断がつかない」

マイケルは最後の最後まで言った。

「私は日本でお風呂は何度も経験しているから喜んで入りますが、マイケルは今まで経験がないから、入るかどうかわからないって言っているんです。まず、私が入るのを見て、それから決めるって言ってますけど」

マイケルが私と一緒に入らない理由を説明すると、「ああ、いいですよ。是非そうしてください」とミセスの返事。

私は女用のテントに入り、洋服を脱ぎ、渡されたタオルで裸の身体を包んで、風呂まで三メートルほど歩き、桶の側でタオルを取って、どぶんと桶の中に入った。入る前に身体を洗うことなどはしないみたいだ。風呂のお湯は、まろやかな、やんわりしたあたたかさだった。思わず、「ワー、気持いい！」と叫んでしまった。

私が入っている間も、時々真っ赤な石が投げ入れられる。ジューッという音と同時に脇の方から暖かい湯が流れてくるので、これまた心地よさが倍増するのだ。

ブータンの岩浴は、石けんを使って身体を洗うのでなく、からだを暖めるのが主な目的のようだ。ついいい気持になって十五分もそんな風にしていたが、あんまり長くいるのも迷惑になるのではと気兼ねしてお湯から上がった。着替えてからマイケルに、「どうする？」と聞いたら、「入る」と言う。

私が入っているのを見て、好奇心にかられたのだろうか。

お湯に入ったマイケルは私のように「ワー、気持いい！」などとは言わず、だまってつかっていた。五分ぐらいして、さっと立ち上がり、風呂桶から出ると、テントに戻って着替えた。外に出てきてニコッと笑った笑顔を見ると、初めての岩浴の経験もまんざらではなかったのではないか。

ブータンの岩浴は実に手間がかかりそうだ。私たち二人だけのために、これだけの用意をしたのだろうかと気になりだした。家族、親戚のみんなで、岩浴を楽しんで欲しいと願った。

▼焼け岩の湯のまろやかさ秋の夜

ツェチュの祭り

いよいよツェチュの祭りを見学する日がきた。

ツェチュは「十日」という意味で、グル・リンポチェが、ブータンで偉大なる仕事をなしとげた日である。

私の二度目のブータン訪問の最大の目的は、このお祭りを見ることだった。このお祭りにはどんな意味があるのか、どうしてこんなにもブータンの人達を夢中にさせるのか。祭りの時にかぶる仮面は一体誰の面で、どんな意味があるのか、等々とても興味があった。

ワシントンで知り合いになったドクター・ドルジによると、すべてのブータン人にとって、このお祭りは非常な誇りのようだ。だから、興味を示す外国人を心から歓迎したいと思うらしい。

「当日は、まず僕の家にいらっしゃい。そしてランチを我々と一緒に食べて、それから出掛けましょう。僕もお供しますよ」

こう親切に言ってくれたので、それに甘えることにした。運良く、彼の病院もお祭りなので休みなのだと言う。

天国の踊り

正装した著者

祭りを見る著者たち

ランチは自家製の米酒アラを飲むことから始まった。皆かなり強い。夫人も料理を作りながら一緒に飲んでいる。かなりお好きなようだ。

ランチの後は出掛ける用意だ。みんな一番良い民族衣装を身につけるという。私も前回来た時に買った民族衣装を持ってきていた。

ミセス・ドルジは私の包みを開けると、すぐさま、「駄目、駄目」と言った。

「どうして？　これブータンの民族衣装ですけど……」

私は抗議した。

「それは、普段着ですよ」

「でも、私にとっては一張羅です」

「ツェチュのお祭りには、みんなおしゃれするのよ。まず衣装は絹でなきゃ」

「でも絹の衣装なんて持っていないわ」

「私のを貸すわよ。何枚か持っているから、貴女に合うのを選びましょう」

二階に上ると、ミセス・ドルジは洋服ダンスの中から、数えきれないほどの民族衣装を出してきた。みんな絹だ。あれこれ試して、私にちょうど合うものを見つけてくれた。

「首飾りも必要なのよ」

いろいろあるネックレスの中から薄いブルーの石のものを選んで私の頭からかけてくれた。正装した私の姿を見たみんなは、「ブータン人みたい！」と言って喜んだ。

ツェチュの祭りにはたくさんの人々が集まる

グル・リンポチェの恩恵にあずかろうとする群衆

マイケルにも、ご主人が「ボクの衣装を貸してあげましょう」と言ったのだが、彼は頑固に「ノーサンキュー」と言って、とうとうトライしなかった。

それでも誰も気にかけることはなかった。

記念撮影をして、私たちとドクター・ドルジ、ツェトラムの四人は車に乗り込んだ。

ツェチュの祭りが行われている所は、ティンプー・ゾンの広場だ。私たちが着いた時、すでに大勢の人が集まっていた。天気は快晴で、日差しが強い。

確かに、誰もかれも絹地の民族衣装を着ている。特にすばらしいのは、女性のスカートになる部分にほどこしてある色あざやかな総刺繍だ。

広場の中心部は大きな舞台になっており、それを囲むようにして椅子が幾重にも備えてある。かなりの人数が座れるようになっているようだったが、ほとんど席は埋まっていた。どこかに空きはないかとうろうろしていると、もう踊りが始まっていた。

「あっ、ブラックハットの踊りだ！」

ドクター・ドルジが言った。その言葉で反射的に目が舞台の方に向いた。黒い大きな飾りのついた山高帽のような帽子をかぶった八人が踊っている。ツェトラムが座っている人たちに詰めてもらうよう頼んで私たち三人の席をつくってくれた。自分は近くで立ったままだ。

「このブラックハットの踊りはですね」

ドクター・ドルジは座るやいなや、踊りの説明を始めた。

「あの大きな袖の中に弓を隠しもっていて、踊りながら、反対派の王様を殺したんですよ」

ツェチュの祭りの踊りや歌は、グル・リンポチェ当時から教えられ、伝えられてきた仏教に基づいた戒めや教えに由来する。だからブラックハットの踊りも過去に起った史実によるのである。

話は八四二年のチベットでのこと。当時のチベット全土は仏教に反対するペルキ・ドルジという王様に支配されていた。仏教を支持する一派が祭りを企画し、その王様を招待し、祭りの最中にその王様を殺害したのだ。その時着ていた衣装が、黒の衣に黒の帽子で、大きな衣の袖の中に王様を殺害した武器が隠されてあったという。その時の話から、このブラックハットという踊りが振り付けられた。つけて踊る衣装もその時の衣装のままだという。でも今は、反対派の王様を殺したというよりは、仏教が悪霊を追い払うという意味に解釈されているようだ。

ブラックハットの踊りが終わると、舞台は黄色に変わる。

「これはね、あるお坊さんの夢の中にグル・リンポチェが現れて、天国はこういうところと教えたんだそうだよ。そのお坊さんがその夢をもとにしてこの踊りの振り付けを考えたんだよ」

ドクター・ドルジは何でも知っているようだ。そのお坊さんの名前はわからないが、ドラメツェという僧院にいたお坊さんで、十六世紀にその夢を見、その時以来踊られているダンスなのだそうだ。今はツェチュの祭りに踊られるダンスの中でも一番人気があるのだという。踊り手は十二人。みな黄色い衣装をつけ、それぞれ違った動物の仮面をつけている。犬、牛、馬、羊、猿など身近に存在する動物だ。

ツェチュの祭りは四日間にわたり、朝の十時頃から夕方五時頃まで次々と、いくつものグループが踊る。ほとんど毎回同じようなプログラムで行われるらしい。

　踊りの内容は、ブータンに仏教を広めるのに貢献した偉人たちを敬う踊りなので、踊り手はほとんど僧なのだそうだ。この踊りの練習のために、まる一年を費やし、音楽隊の訓練もするのだから大変だ。

　宗教的な踊りの合間、合間には、ブータンの数ある民族の民族舞踊がある。これも毎年同じものなのだろうが、そんなことは誰も気にしていないようだ。

　宗教的な踊りや民族舞踊の合間には劇も演じられる。コミカルな劇のようで、ストーリーは知り尽されているようだが、観客はあきることなく笑っている。その他、お祭りらしく、ブータン風道化師アツァラもくり出して、観客の間を練り歩き、笑わせている。

　アツァラは、もともとはインドの高僧アカルヤを模したものだそうである。そういわれてみれば、アツァラの仮面は赤っぽくて、目や鼻が異様に大きい。ブータン人ではなく、インド人だということを現わすためだったのかもしれない。

ブータン風道化師アツァラ

アツァラは、ツェチュの祭りの間は、ブータンの仏教社会をみださない限り、何をしても、何を言ってもいいという無礼講が許される。何しろ高僧なのだから。お酒を飲んでもいいし、女の尻を追っかけてもいいし、いやらしい冗談を言ってもいいので、この時ぞとばかりに、反社会的、反慣習的なことをしたり、言ったりして観客を笑わせる。アツァラは、踊りや劇を見ている観客の間を練り歩くだけでなく、進行中の舞台の中に出て、深刻な宗教的な踊りのまったただ中に加わって、観客を笑わせるのだ。

観客は笑いはするが、悪さをするアツァラに怒る人は誰もいない。深刻な宗教の教えを説教され、重くなりがちなツェチュの祭りを軽くして笑わせ、楽しい祭りに変貌させるのがアツァラの役目らしい。

一つの踊りが終わって、次の踊りが始まるのにアナウンスはない。何となく終わり、何となく次のが始まるという具合だ。のんびりしていて、それだけでも祭りという雰囲気をかもしだしている。ゾンの外にある草むらには、いくつもの家族が輪になって座り、食べ物を広げてピクニックを楽しんでいる。絹の一張羅の洋服がもったいないと、私などは気になってしょうがなかったけれど、それを気にしている者は誰もいないようだ。

私たちが座っているコンクリートの椅子の真向いにはゾンの建物があり、その二階と三階に椅子がしつらえてある。王様や、その家族、国の首相、大臣、寺院の高僧などの特別席であるドクター・ドルジが指さす方を見ると、誰か座っているのが見えた。もちろんそれが誰か、私にはわからないが、ドクター・ドルジには、誰が来ているのかわかるのだろう。王様はいないようだ。

「あっ、グル・リンポチェが出ている！」

ドクター・ドルジが叫んだ。お偉方が座っている席の真下に、大きな人形が立っている。それがグル・リンポチェの人形、つまり、彼の再来の具現である。

そもそもこのツェチュ祭りは、グル・リンポチェがチベットからブータンに来て、仏教を広め、絶大なるブータン人の信奉を得たが、帰って来ると約束したままチベットに帰ってしまい、その後もとうとう戻らないので、人々は彼の再来を待ちこがれ、毎年盛大な祭りをして待っているというのが起源だ。今だに待ちこがれているのだという。そのグル・リンポチェの仮面をかぶった人形を作って、あたかも再来したかのように見せるのだ。

グル・リンポチェの再来はあの世からの再来で、リンポチェの再来によってあの世とこの世が合併すると考える。ツェチュの祭りでは、現世での天国がかもしだされるということなのだ。

人々はそんな雰囲気の中で、できるだけグル・リンポチェの恩恵にあずかろうと、その大きな人形にお供え物をしてお祈りをする。その祈りは願い事かもしれないし、日頃の感謝かもしれない。もしかしたら、踊りや劇などを見るよりは、それが本来の目的なのかもしれない。その人形にお祈りをする順番を待つ人々の行列の長いこと。あきれるほどに長いのに、次々と人

ブラックハットダンス

ツェチュの祭りのお面

が押し寄せてきて、ますますその行列は長くなっていくのだ。

ブータン仏教はダライラマが属する宗派と同じなので、寺院の長を選ぶのには、ダライラマが選ばれた時と同じような方法で選ぶ。つい最近、かなり地位の高い寺院の、将来は長になるであろう子供が見つかったのだそうだ。ドクター・ドルジは真面目な顔をして、そのニュースを我々に知らせ、「早く会いに行かなきゃ」とつけ加えた。正直私はびっくりした。

「そんなことをいっても、どうして本当にその子が生まれ替りだってわかったの？」

「その子は、小さい時から、誰も教えないのに仏教教典を読み、理解し、その寺の代々の長の名前を暗唱できるんですよ」

ドクター・ドルジは疑わない。

空気は涼しくても、強い太陽にさらされて長く座っているのは大変なことだ。「虎のねぐら」を登ったのも、本当に苦しかったが、太陽直下の中でコンクリートの椅子にじっと座って祭りを見るのも決してやさしいことではない。私たちはついに腰をあげた。踊りも歌も、アツアラのからかいも、グル・リンポチェへの祈りの行列も、いつ終わるともなく続いていたが、祭りの終わりの時刻、五時にだんだん近づいてきたので、そこを去ることにした。

翌日も同じ所で、同じようなことが続く。私はもう一度行きたいと言ったのだが、マイケルは、他の観光をしたいと意見が合わない。結局、午前中はマイケルの行きたい所を廻り、午後再びツェチュの祭りを見ることになった。

　翌日も前日と同じように最高の民族衣装に身を包んだ老若男女が家族そろって押し寄せ、草むらに座って食事をし、踊りや歌に興じてアツァラに笑わされ、グル・リンポチェにお供えをして、祈りをたやすことなく続けていた。

　ツェチュの祭りの最後の日には、祭りの主役グル・リンポチェと八人の化身が織られている、大きなトンドル（緞子）（縦六、七メートル、横八、九メートル）が天高く揚げられる。観客が喜びの声をあげる。「ついにグル・リンポチェの再来だ！」と。

　これでツェチュの祭りは幕となるらしい。しかしその場面を見る時間は旅程の中に組まれていなかったので見ることはできなかったのは残念だった。

▼秋祭りツェチュの祭りの一張羅

チミ・ラカン寺

　今回も又ロベサに泊ることになった。理由はチミ・ラカン寺があるからだ。

　チミ・ラカンはドュクパ・クンレが十五世紀の終わりに建てられた古いお寺である。人々はドュクパ・クンレの恩恵にあずかりたくてこの寺を訪問する。

ドュクパ・クンレはチベットの僧で、ブータンに仏教を広めようとして訪れていたのだが、何しろ他の僧とは並外れていたので、「風狂の聖者」と呼ばれていた。ブータンの動物ターキンが、身体は山羊で、頭は牛のように見える奇妙な動物になった理由は、ドュクパ・クンレが、ランチに牛と山羊をまるごと食べた後、骨だけになった牛の頭を山羊の頭にくっつけて生き返らせたからという話は前に書いた。

ドュクパ・クンレは風狂の聖人と呼ばれてはいたが、ブータン人に好かれ、特に多くの女性にもてて子供をたくさん作ったらしい。だから子宝の神様とも言われるのだ。ブータン家屋の壁には大きな男根の絵が恥ずかし気もなく描かれている。不思議に思い、ガイドに聞いたところ、どんな男根でも良いのではなく、この子宝の神様の男根でなければならないのだそうだ。

マイケルは恥ずかしくてかカメラを向けることはしなかったが、私は、ブータン人はそれほどに子がさずかりたいという思いが強いのかと、感心せざるを得なかった。そして今回このチミ・ラカン寺を訪れることにしたのである。

マイケルはそれを聞いて、正直あまり良い顔はしなかった。旅行案内書にはあまり大きく宣伝されていないし、実際小さな寺だった。

しかし、その寺を訪ねなければならない大きな理由があった。それは、私たちの運転手を務めるケサンが最近二歳になったばかりの子供をなくしたのだ。それでどうしてもそのお寺のお

チミ・ラカン寺

寺に預けられた子供達

家の壁に堂々と男根が描かれている

坊さんにお祈りをしてもらいたかったのだ。次の子供が授かりますように、それもなるべく早く。そのお寺のお坊さんは、子供に関すること、たとえば、子供のない親には子供がさずかるようにしたり、子供のある親には良い名前をつけてあげたり、将来をうらなってあげたりする。そして、非常に効果があり、占いなども良く当たるという評判なので、その恩恵を得ようと訪れる客が後をたたないという。ケサンはお坊さんにあげる白い絹のスカーフやお金などを紙に包んでもってきていた。

そこへ行くまでの道が大変だった。道らしい道がないのである。あぜ道を通って行くのだが、狭くて人一人がやっと通れるくらいなのだ。時にはそのあぜ道もなくなり、田んぼの中を歩かなければならなかった。田んぼの持ち主に怒られるのではないだろうかと私などはハラハラしながら歩いていった。

チミ・ラカン寺そのものは小さかった。せっかく歩いていったのに、普通の観光客は外側を見るだけで、中に入るのは許されていないようだ。しかし私たちは特別だった。というのは、ケサンが特別のお祈りをしてもらうように前もってお願いしてあったからだ。そしてそのための用意もしてある。

中に入るように言われて狭い入り口から中に入った。時刻はもうすでに夕方の五時。ローソクだけの明かりなので、中がよく見えない。大きな銅像は多分ドュウクパ・クンレなのだろう。まずケサンが白い絹のスカーフをそのお坊さんにあげた。お坊さんはそれを受け取ると、銅像に向かってお祈りを始めた。私たちはお祈りの内容や、言っている言葉もさっぱりわからなかったが、ケサンは多分わかっていたのだろう。手を合わせ、何度も頭を床につけて感謝の気持をあらわしていた。

お祈りが終わるとお坊さんは上機嫌だった。私たちにどこから来たかと尋ねた。アメリカから来たというと、「今日はめでたい、めでたい」と言って、飲み物を出してくれた。その飲み物が入っている大きな瓶が何とコカコーラの瓶だったのにはびっくりした。中もコカコーラかと思ったが、米麹で作られた甘ったるいライスワインだった。多分アラなのだろう。

酔いが回ってほんのりした気分になっていると、お坊さんはポー（男根形の棒）で我々の頭をコンコンと叩いた。一体何の効き目があるのだろう。「このポーは人骨でできているんですよ」とそのお坊さんは自慢そうに言っていたが、それが本当かどうか確かめることはできなかった。何しろすべてが薄暗いところでやるのだから。

私たちが外に出て来た時、すでに三日月が頭の上に見えるぐらい暗くなっていた。寺そのものは大きくないが、寺に面して寄宿舎のような建物があって、そこに赤い衣をまとった子供が五、六人たむろしていた。私たちの行動の一部始終を見ながら、くすくす笑ったり、子供同士が突っつき合ったりしていた。お坊さんが私たちの邪魔をしないであっちの方に行くようにと言っているようだったが、私たちの後をついてきた。英語で話しかけてみたが、よくわからないようだった。

ブータンでは、孤児とか親が貧しいために学校にやれない子供はお寺に預けるのが風習だから、十歳前後の子供が夕方お寺にいるのは不思議ではなかった。それにしても、ツェチュのお祭りで学校は休みのはずだ。

「この子供たちはどうして今ここにいるの？」

答えは、親のない子供たちはお祭りで休みでも帰る家がないということだった。

子がさずかりたいという親もいれば、親に見放された子供もいるのだと改めて認識した。

▼ツェチュ祭り子のない親も孤児も

ゾンダッカ村訪問

一週間の旅行は、あっという間に終わりを迎えた。

ツェトラムは新しい民族衣装に着替え、すがすがしい顔であらわれた。

「今日は最後の日ですね。ですから特別な所にご案内します。そして、その後は私の叔父の所でディナーを食べます。いいですね」

最後の日だというのに朝から小雨が降っていて肌寒い。

「今日は普通の観光客は行かないところですが、ここからあまり遠くない田舎に行きます」

ツェトラムは、私たちが車の中に入ると同時に言った。

あまり観光客が行かなくて、私たちもまだ行ってない所といえば、戴冠式を迎えるブータンの用意周到振りを見せるのかなと、とっさに思ったが、道路から見えるホテルの建築などは、ツェトラムの親戚が持ち主の建物も含めてずいぶん見てきたから、それではないだろう。どこに連れていくのかなと、小雨の降るブータンの田舎の景色をながめながら考えていた。小一時間も乗らないうちに、車は止まった。

「ここからは車が入れませんので、歩いて行きましょう」

車を降りて、回りを眺めると、どこまでも広がる実った稲の黄色い畑。どこもかしこも稲刈り寸前というところだった。

道路を見ると、草ぼうぼうの道なき道。運良く小降りの雨は止んではいたが、降ったばかりの雨でびしょびしょに濡れている。マイケルも淡々とした面持ちで、一歩一歩しっかり足を運んでいる。私もだまって歩き出した。

その農道は平らな道と思いきや、だんだんと登り坂になっていく。そして、あれよあれよという間に、断崖絶壁の百メートルか、二百メートルの小高い山のような丘のようなものが現れてきた。いくら頭を後ろに倒しても天辺は見えない。ただ急な山壁が目の前に立ちふさがっている。

「えっ、その村はこの山の上にあるの？」

私は思わず叫んでしまった。ツェトラムは、笑っているような、我慢しているような顔で、

「そうです」と答えたが、はっきりした口調で言った。

「山じゃない、小さな丘のようなものですよ。すぐです。皆さんなら登れます」

「こんな断崖絶壁、どうやって登るんですか。道なんてないじゃない？」

私は絶対に登れないと諦めかけていた。マイケルはいつものように黙っている。

「大丈夫、大丈夫。僕が先に行きますから、僕の後についてきて下さい」

ツェトラム、私たち、運転手のケサンの四人が断崖絶壁の丘を登り始めた。近くに寄ってみると、断崖絶壁と思われる所にも小さな木々がはえていて、危ない所はそれにつかまりながら歩く。道はないが、岩壁から落ちた小岩が長い間に踏まれて砂利のようになっているところもあるので、そんなところを選ぶ。危ないと思ったら、方向を変えて、それこそ、ゆっくりゆっくりとよじ登っていく。しばらく登ると、パッと明るくなり、平らな所に出た。

「着きました」

ツェトラムが先に立って、さっさと早足で歩き始めたので、私たちもその後についていった。右側には建物があり、私たちは建物の壁にそって歩く。左側は切り落とされた岩の端。下には歩いてきた道なき道が見える。そして、目を上げればどこまでも続く黄色い一面の畑。

一行は門にたどり着いた。ツェトラムはその門をだまってくぐり、私たちもそれに続いた。

断崖絶壁の上あるゾンダッカ村

家族とマイケルと著者

農家だった。山羊がいる。それまで走り回っていた男の子三人が、遊びの手を止めてだまってこちらをながめている。

「こっちへ来てください」

ツェトラムに導かれて、農家と思われるかなり大きな家の玄関の方に歩いていった。その家の家主と思われる男性とその奥さんらしい二人が私たちを待っていた。二人とも四十歳ぐらいに見える。「どうぞ、どうぞ」とその男性は言って、私たちを家の中に案内した。

どこもかしこも木造で、床も木の板張りだ。その木も年がたっているせいか黒光りしている。建物全体が暗い。普通の農家と同じように、料理をする所、家族で食事をする所、団らんする所、寝る所という具合に部屋数は多い。

山羊を飼っている所は別棟になっている。

私たちは家族が団らんする部屋に通された。まずお茶が、それからランチが出された。お腹が大分すいていたのに気がついた。お昼の時刻もとっくに過ぎている。

団らんの部屋は窓も大きく開け放たれていて、他の部屋に比べて一段と明るい部屋だったが、椅子などはなく、床に坐らなくてはならない。座布団のようなものもないから、木の床にじかに坐るのだ。私は何とか我慢できるが、マイケルはそうでなくても坐ることができないのだから、せいぜい膝をついて中腰で坐るのがやっとだった。

家主が真ん中に坐り、私たちとツェトラムが坐り、息子が坐った。お茶を飲みながら家主が赤黒い口をパクパクさせながら話し、ツェトラムが通訳した。それによると、その主人は、実はお坊さんで、七歳の時から僧になるための学校に行き、三年間の瞑想もやりとげたのだそうだ。それでもどこかの寺院に入って正式な僧侶にはならなかった。それは、自分の父親が僧侶で、自分の家のなかに礼拝堂があり、他の寺院と同じように仏様が祀られていたので、それを守るのがその家に課された代々の仕事であったからだ。

九百年も前のこと、宗教的な迫害があって、チベットの方からこの村に逃れてきた。敵が追って来ないようにと、岩の切り立つ丘の上にお寺を建て、それをかくすようにして自分たちのすみかを増築していった。この家のどこかにもそんな所があると言ったが、それはランチの後で案内してあげるという。

主人は小さい時から、家の中の礼拝堂の仏様を守り抜くために学校に行き、仏教教典を学び、親の手伝いをしながら、農業も学んでいったのだという。

二十一歳になった時、父親が急死し、家を継ぐべく戻ってきたが、跡継ぎを作らなければというのですぐ結婚し、すぐに跡継ぎが生まれた。その男の子は六歳になった。庭で遊んでいて最初に私たちを見つけた子だ。

家の中にある礼拝堂を九百年も守り通してきたとは何とロマンチックな話だろうか。それと同時に、こんな高い丘の上で生活をするなんて、登ったり下りたり、さぞかし大変だろうと思った。しかし、慣れてしまえば何ともないのか、奥さんからも「ええ、大変です」という答えは返ってこない。「えへへ」と笑うだけなのだ。

奥さんは、写真を取る時だけほんの数分一緒に坐ったが、後はお茶やお菓子や、その後はランチを運ぶのに忙しかった。この大きな家にたった三人だけで住んでいて、お手伝いさんらしき人は住んでいないようだ。

簡単なランチの後、守り続けてきた礼拝堂へ連れていってもらった。それは、別棟の二階にあり、梯子をよじのぼってしか上がれない。

礼拝堂はかなりの広さの部屋で、普通のお寺の礼拝堂と全く同じ銅像が飾られている。真ん中にグル・リンポチェ、そして右隣が少し小さい釈迦銅像。

家主は、黒光りのしている床に頭をつけて礼拝をした。ツェトラムも同じように頭を床につけて礼拝をしているので、私も見よう見まねで礼拝をした。マイケルはいつものように、部屋の隅にそっと立ってそんな様子を静かにながめていた。

銅像の前にはカーテンのような布が張ってあり、私たちがその部屋に入ると同時にその布がはずされたので銅像を見ることができたが、布は両方の壁一面にも張られているので、布の後ろに何があるのかわからない。礼拝が終わってから聞いてみた。

「この布の後ろには何があるんですか？」

「太陽の光線を当てると、せっかくの絵があせてしまいますから、普段は布で覆っておくのです。見たいですか？」

「ハイ、見たいです。見せてください」

私はすかさず答えた。マイケルも中を見たいというサインを送っていた。

家主が布の端の方を持ち上げると、思わず驚きで叫び声が出た。それは釈迦の一生の絵なのだ。それが壁一面にびっしりと描いてあるではないか。非常な精密さ、筆さばきで描いてある。随所に金も使ってあるではないか！ そのすばらしさは、この農家の外観から想像できるものではなかった。布の端をつまんでそっと開けてくれたが、私たちが見終わるとすぐに閉じてしまった。

「すばらしい絵ですね。よくもまあ、九百年もこんな状態を保つことができましたねえ」

私は率直に感想をもらした。

「それを保つのが大変な仕事なんですよ。だから普段は布をかぶせておかなきゃならない。それでも色ははげますねえ。特に金がはげてくる」

「そういう時はどうするんですか？」

「経済的な余裕があれば毎年お金をかけてなおしますよ。でも最近、我々の生活は大変です。とてもそんな余裕なんてない。でも、こんな風に一般公開をし始めてからは、みなさん同情して寄付してくれるんですよ。それで何とかまかなってます。つい最近も二百ドル寄付してくれた人がいたんです。そのお金で金粉を買いましてね。金の部分の修理をしたところです。金の所が鮮やかだったでしょう。それは、金を塗り直したばかりだからです」

「じゃもう金の部分はしばらくは大丈夫ですね」

「いいや、今回塗ったところは大丈夫でも、二百ドルの金粉では全部をやることはできない。ほんの一部分ですよ。何しろ、こんな大きな壁が二面もあるんですから」

こんな大きな任務をたった一家族で守るなんて随分過酷なことじゃないかと思えたので、ツエトラムに聞いてみた。

「これはブータンの宝のような物。政府で何とか手助けしないの？」

「それがねえ、全然駄目なんですよ。こういう家がブータンにはたくさんあって、結局守りきれなくて、自然に消えてしまうというケースがあちこちであるんです。それで、我々のように、観光業に携わっている者が集まって、こういうところを一般に公開して、観光客に訴えようとしているんです。そういう意図でこの村にも観光客を連れて来ることにしたんですけど……」

「そうですか。どうにかして保存できるといいですね」

「まあ、頑張りますけど、この小さな村には、このような礼拝堂のある家はこの家一軒だけじゃないんです。それに、その他に誰でも行ける普通のお寺もあるんですから、保存しなければならない所がありすぎるんです」

ブータンには深い文化がありすぎて、うっかりすると、人々がその中に埋もれてしまう国のようだ。そんな村の最初の農家に我々は立ち寄ったようだ。

少し離れたところに、家々が並んでいる。そして寺もある。我々は時間がないからと、一つのお寺に立ち寄っただけで、また道なき道を横歩きしながら下りていった。

一軒の家の窓から、女の人が手を振りながら、何か大きな声で叫んでいた。私は足を止めて耳をそば立てたが、もちろん何を言っているのかわかからない。

「何を言ってるの？」

「自分の家にも来てくれって言っているんですよ。実はあの家にも礼拝堂があるんです。でも跡継ぎがいないから保管が難しくなってるんです」

九百年も前に、自分達の宗教を守り抜くためにこんな不便な所に家を建て、先祖代々苦労して、先祖の建てた礼拝堂を守っているなんて、何て不思議な人たちなんだろう。帰りの車の中で、タイムスリップして別世界をみせられたような気持になった。

一時間もしないうちに、ツェトラムのお兄さんの家に着いた。大家族が住めるような大きな家だった。

「明日は早く起きなければならないから、今日は早くにホテルに帰った方が良いと思います」

ということで、居間らしき所のソファアに座るとすぐ夕ご飯になった。テーブルにずらりと並べられた十種類ぐらいの料理から、自分の好きな物、食べたい物をお皿に取って食べるのである。料理はすべておいしそうで、つい手を出したくなるものばかりだった。私たちの好きな食べ物を前から知っているようだった。唐辛子の炒め物はでていなかった。

そこに座って食事したのは、私たちとツェトラム、ツェトラムのお兄さんと十九歳のいとこの女の子だった。小さな二人の子供が部屋を出たり入ったりしていた。お兄さんの子供たちなのだろう。奥さんは、挨拶には現れたが一緒に食べることはしなかった。もう一人、奥さんの妹さんという人がいた。料理の手伝いにでも来ていたのかもしれない。

十九歳だという女の子は、大学で英語を専攻しているだけあってきれいな英語で話す。しかし、お兄さんの英語はまだたどたどしい。本業は農業だけれど、今度政権が変り、観光ブームが来るだろうことを予測して、急遽農業から旅行会社の社長に転身したのだ。コンピューターの使い方から学ばなければならず、旅行会社としての仕事の段取りもまだよくわからず、まごまごしているというが、ようやく私たちを呼び寄せることに成功したのだという。私がインターネットで交信している時、答えが返ってくるのが遅い時があったりして、ハラハラさせられたことが何度かあったが、これでやっと納得がいった。

「それじゃ大変でしょう？　農業の方は誰がやるんですか？」

「いや、農業をすべてやめるわけじゃないんですよ。農業も続ける、旅行会社の方もやるんです」

「そう、じゃ、大変ですね」

「でもね、農業の方は、家族、親戚の者でやりたいっていう者がいますからね。そいつらに手伝わせようかと思っているんですよ」

大家族というのは、そういうものかもしれない。家族の中の誰かが何かができる。この家族も、家族、親戚で協力して農業を続け、ホテルや旅行会社を経営して外国から観光客を呼び、国の政策にも関わるというのだから、ツェトラムの家族はますます繁栄するだろう。

ディナーが終わると、私たちにはお土産がいろいろと用意されていた。旅行会社を立ち上げて最初の客だったからなのだろう。私の知っているエトメトはホテルが取れないと言ってきたのに、この会社は大丈夫と言ってきたのだ。新しいホテルを知っていた。それは自分の親戚や、友達にホテルの持ち主がいたからなのだ。

こうして、今回もまた特別に大切な客としてあつかってもらった。私にとっては二回目の、マイケルにとっては最初のブータン旅行は無事終わった。

▼短夜や伝統守る九百年

あとがき

　最初のブータン旅行の動機は、第四代国王のお妃が本当にアメリカ人なのか、そしてそのアメリカ人の王妃がどんな風にブータン人の民衆に受け入れられているのかを知りたいということであったが、それはどうやら私の思い違いであったようだ。十人中十人がそんなことは絶対にありえないと言うのだから。後はクエンガに会って、私が聞き間違えたのか確かめるしかないのだが、肝心のクエンガはブータンにはいないとのこと。

　しかし、そんなことはもうどうでもよくなった。

　二度目の訪問の目的は、ブータンという国を自分の目で見、たくさんの人に会い、ブータン人を夢中にさせるツェチュの祭りを体験することであった。ブータンの人々ほとんどが、第四代国王は聡明な王様だといって尊敬し、慕っているということはわかったが、すでに第五代国王の時代になり、立憲議会制民主主義国になった。人々は、非常な自信を持って、国家再建に心を燃やしている。それを知っただけで私は充分であったし、それで、旅の目的は果たせたと思う。

それにしても、国全体がなんと美しく、人々のもてなしも心にくいほどにゆきとどいていたことか。ツアー旅行とはいえ、私たちはいつも特別な客として扱われているという気分にさせてくれた。

新しく変った後の国の行方が気になる。他の国々のようにGNPを追うのでなく、今までのようにGNHの高さに自信と誇りを持ち続けるような国であって欲しいと心から願う。そして一人でも多くの人々がこの国を訪れ、我々人間の行くべき道を考えるきっかけになってくればいいと思うのである。

芙蓉書房出版の平澤公裕社長には大変お世話になった。深くお礼を言いたい。外国に長く住み、日本の事情にうとく、名もない私に目をかけてくださり、本当にありがたいと思っている。また本になるまでには、ワシントンに住む日本人の友達が原稿を読んでくださり、いろいろ指導してくださった。特にデッキンズ孝子さんには何度も指導していただいた。感謝にたえない。

最後に、この本を読んでくださる方々におことわりしておきたい。私はブータン学者ではないので、ところどころ知識の足りないところや、間違っているところがあるかと思う。それは許していただきたい。

この本がきっかけとなって、ブータンに足をのばしてみたいと思われる方が増えてくれれば、そんなうれしいことはないと思う。

二〇一〇年十二月

ワシントンにて　ウイリアムス春美

参考文献

Nepal and Bhutan Country Studies, Federal Research Division Library congress, 1993.
Bhutan: Francoise Pommaret, Odyssey, 2003.
『現代ブータンを知るための60章』平山修一、明石書店、二〇〇五年
『美しい国ブータン』平山修一、リヨン社、二〇〇七年
『ブータンに魅せられて』今枝由郎、岩波新書、二〇〇八年
『幸福王国ブータンの智恵』アスペクトブータン取材班、アスペクト、二〇〇九年

著　者
ウイリアムス春美

1939年(昭和14年)福島県生まれ。青山学院大学卒業後、中学校の英語の教師になる。1968年(昭和43年)にイギリス人と結婚。結婚後アメリカ、インドネシア、マレーシア、イギリスに住み、1976年からアメリカのワシントンD.C.に定住。1982年(昭和57年)にジョージタウン大学大学院を卒業し、その後ジョージタウン、アメリカン、ハワード大学で日本語を教える。1997〜1998年(平成9〜10年)、イギリスにて代替医療について学び、以後アメリカにて代替医療に携わり、太極拳をシニアセンターやスポーツセンターなどで教える。
著書に、『母なるインド』(芙蓉書房、1970年)がある。また、上毛新聞に「アメリカ向こう三軒両隣」を９回連載(1982年)、ワシントンコミュニティーニュースレター「さくら通信」に戦争体験者へのインタビュー「あの頃」を７回連載(2005年)。

ぶらりあるき　幸福《こうふく》のブータン

2011年 3月25日　第１刷発行

著　者
ウイリアムス春美《はるみ》

発行所
㈱芙蓉書房出版
(代表 平澤公裕)
〒113-0033東京都文京区本郷3-3-13
TEL 03-3813-4466　FAX 03-3813-4615
http://www.fuyoshobo.co.jp

印刷・製本／モリモト印刷

ISBN978-4-8295-0506-9

芙蓉書房出版の本

暗黒大陸 中国の真実［普及版］

ラルフ・タウンゼント著　田中秀雄・先田賢紀智訳

四六判　本体 1,800円

中国がなぜ「反日」に走るのか？　その原点が描かれた本。戦前の日本の行動を敢然と弁護し続け、真珠湾攻撃後には、反米活動の罪で投獄されたアメリカ人外交官（元上海・福州副領事）が赤裸々に描いた中国の真実。原著が出版されたのは1933年。70年以上を経た現代でも、「中国理解の最良のテキスト」として好評。

中国の戦争宣伝の内幕

日中戦争の真実

フレデリック・ヴィンセント・ウイリアムズ著　田中秀雄訳

四六判　本体 1,600円

「日米を対決させるべく巧みな宣伝工作を展開する中国。政治宣伝と謀略に無知で情報戦に無防備な日本」。70年前に米人ジャーナリストが書いた本が発見された。話題の書『暗黒大陸中国の真実』をしのぐ面白さ。

陸軍登戸研究所の真実〈新装版〉

伴　繁雄著　四六判　本体 1,600円

毒ガス・細菌兵器・電波兵器・風船爆弾・ニセ札……。初めて明らかにされた「秘密戦」「謀略戦」の全容。元所員がすべてを克明に記録した手記。2010年3月、明治大学生田キャンパス構内に「明治大学平和教育登戸研究所資料館」が開館。旧日本軍の研究施設をそのまま利用したミュージアムとしては全国唯一のものであり、注目を集めている。

ボリビア移民の真実

寺神戸 曠著　四六判　本体 1,900円

1956年から南米ボリビアへの移民が始まった。「1000家族6000名」の計画移住”の実態は…？　６年余、農業技師として現地で移民支援に当たった著者がボリビア・サンフアン入植地の姿をたくさんの写真とともに記録。国の欺瞞、不作為の「罪」を厳しく追及する！